宇宙学〈基礎編〉

優良星界とオリオン文化

宇宙の真理を究める会・編

たま出版

刊行にあたって

宇宙の真理を究める会

本書は、田原澄《すみ》女史による著書『宇宙学』（一九六二年刊）および『続宇宙学』（一九七七年刊）をもとに、新たに全二巻（基礎編と実践編。同時発売）に編纂《へんさん》されたものである。田原女史の「宇宙学」を扱った書籍には、二〇一一年八月に刊行された『核が地球を滅ぼし、宗教が人類を滅ぼす』（たま出版）があるが、同書が編者によるメッセージを中心にまとめられているのに対して、本書は、田原女史本人が降ろしたメッセージを中心にまとめてある。

さて、前書の冒頭でも触れたが、本書をお読みいただく際の予備知識として、改めて田原澄女史と「宇宙学」について簡単に説明しておきたい。すでに前書をお読みいただいた方は、この項は飛ばしていただいて第一章よりお読みいただいても何ら差し支えない。

田原澄女史（一九一三年～一九六五年）は、初代の「取次の器械」（「宇宙学」では、ご神示を降ろす役目の人のことをこう呼ぶ）として、「宇宙創造神」からのメッセージを伝えた人物である。軍人の子として生まれ、女学校卒業後は看護師となり、十年間を日赤の看護婦長として過ごした後、家庭に入り、三人の子をもうけたが、長男がトラックにひかれて死亡、次女が正体不明の難病にかかってしまった。それがもととなって自らの心の非を悟り、心を洗い清めるよう努めるうち、宇宙創造神から「取次の器械」として役目を果たすよう命令を受けた。一九五三年（昭和二十八年）七月二十二日のことである。

その後、一九六五年（昭和四十年）九月七日に昇天するまで、「洗心」に徹し、神界・霊界・星の世界との通信を受信し、それを「宇宙学」として多くの人々に伝え、人類救済の原動力となって活躍した。また、オリオン星や土星（外星）の悪魔の姿や宗教の背後霊を次々にキャッチし、浄化に努力した。

しかし一方で、宗教団体や権力者の背後の悪魔によって目の敵《かたき》とされ、最後はその犠牲となった。宗教の背後霊団によってつぶされたのである。宗教は邪神・邪霊の巣窟である。

そしてこのたび、大震災とそれに続く原発の危機、すなわち日本人の危機に直面して、田原女史の遺志を引き継ぐ有志が出版資金を持ち寄り、本書が編纂されることとなった次第である。本書の目的は、一人でも多くの方々に「宇宙学」を知っていただき、それを実践していただくこと、そしてそれを通して日本人全体がこの国難を乗り越えていくこと、それに尽きる。

ところで、「宇宙学」の根幹をなすものは「洗心」である。
そこで、「洗心の教え」について簡単に述べておこう。

◆宇宙創造神の教え

◎常の心として（神界・優良星界とつながる波動）

「強く正しく明るく、我《が》を折り、よろしからぬ欲を捨て、皆仲良く相和して、感謝の生活をなせ」

◎御法度《ごはっと》の心として（魔界とつながる波動・霊波）

「憎しみ、嫉《ねた》み、猜《そね》み、羨《うらや》み、呪い、怒り、不平、不満、疑い、迷い、心配ごころ、咎《とが》めの心、いらいらする心、せかせかする心を起こしてはならぬ」

○宇宙創造神の教え・洗心の意味

常の心として、

一、己自身に対して強く生きよ。
一、善悪を超越して正しく生きよ。
一、笑顔を持って明るく生きよ。
一、我《が》を折り、互譲の麗しき心にて生きよ。
一、宣《よろ》しからぬ欲を捨て、競うことの愚かさを知れ。
一、人類皆一体なるがゆえに、皆仲良く相和せよ。
一、森羅万象ことごとく大愛の波動の変化なるを悟って、感謝の生活をなせ。

以上が教えであるが、地球人類は永い年月にわたり〝自我〟を張り、必要以上の〝欲望〟を満足させるための生活を続けてきた。宇宙創造神は、地球人類に対してまずこの〝我と欲望の心〟を自制せよと諭《さと》している。なぜならば、吾々《われわれ》地球人類はこの〝我欲の心〟が元で、自他共に心を傷つけ、不幸の原因や飽《あ》くなき競争、闘争の社会を形成。それが戦争へと発展して、今や人類全体が破滅の方向に進んでいるからである。

この教えの「常の心」は、宇宙の法則に合致した心（想念）であり、人間の想念《おもい》次第で平和な楽しい社会をつくることもできるし、また「御法度の心」のように憎しみや嫉《ねた》みの心を起こして自殺や犯罪など、破壊の社会をつくることもできる。

近年発達したサイ科学では、その人の起こす想念によってその人の体から発するオーラが美しくもなり醜《みにく》くもなることが知られているが、人間が「常の心」でいる時には実に美しいオーラで輝き、宇宙から流入する生命波動を受け入れて、ますます健康体になり、周囲の人々にも好影響を与えるといわれている。

ところが、「御法度の心」を起こすと、オーラが著《いちじる》しく醜《みにく》くなり、宇宙から流入する生命波動を遮断《しゃだん》して人体波動が乱れ、病気や様々な障害となって不幸に陥《おちい》っていく。

この「洗心」の実行については、一定時間のみの修行ではなく、一日中を「御法度の心」を起こさず、「常の心」で暮らすように努力することが肝要である。始めからなかなか完全には行えないかもしれないが、万一、「御法度の心」を起こしたならば、反省して次から起こさないようにし、常に美しいオーラを発する自分をつくっていくことが大切である。

この行《ぎょう》が進むと、宇宙創造神と波長が合い、健康と幸福が約束され、超能力の開顕にもつながっていく。また、「洗心」する人が多くなるほど、平和な社会が築かれていくのである。

なお、本書〈基礎編〉は、「宇宙学」の基本的知識を中心にまとめられ、同時発売の〈実践編〉は、「宇宙学」に基づいた生き方、考え方を中心にまとめられている。原書は半世紀近くも前に書かれたため、現在では使われていない言い回しや漢字、また差別用語などが見受けられる。そうした部分を修正させていただき、重複した表現などを割愛させていただいたことをお断りしておく。

まずは本書をご一読いただいた上で、ぜひ〈実践編〉も併せてお読みいただければ、編者としてこれに勝る喜びはない。

◎目次

第三章 「邪神・邪霊」の正体

第一章　「宇宙学」とは何か

「宇宙学」総論

一、宇宙学は、取次の器械が宇宙創造神と波長を合わせて書いたものであって、人間の知恵は一切入らないものである。

一、今日まで学んだ学問は地球学であり、地球学は地球がオリオン星座によって支配され、その文化によるもので五感のみを発達させる学問であり、自負心・自尊心・自惚心を植え付け自己を満足させ自己を完成させることを立派であると思い込ませ、分裂・争い・戦争の絶え間のない学問の方法であった。オリオン星座の邪悪なる霊波は、地球人の欲の心を利用して地位名誉金銭をからませて階級制度をもって今日まで地球を支配してきたのである。このような状態が続く限り地球は滅亡せねばならぬので、宇宙創造神は取次の器械をこさえられ、人間の生きる道を教えられたのである。これが宇宙学である。

一、宇宙学では人間の肉眼で見ることのできない霊波念波の実在を知ることができ、われわれ地球人が日常間違った心で多くの人々を傷つけ苦しめ殺し合っていることもはっきり分かり、そのための地球の不幸であることもしっかり分かるのである。

一、宇宙学が分かる心にかえるには、今日生かされているという敬虔と感謝の心にかえることである。「空気、水など自然だよ。そんなものに感謝する心にはなれないよ」など言われる人は、絶対に学ぶことのできない学問である。

一、宇宙学を学ぶとき、地球人の今日までの生き方の間違いがはっきりと分かるようになる。宇宙創造神と波長が合ってくると、肉眼で見ることのできない神界霊界星界がはっきりと分かるようになる。

一、神界霊界星界の在り方の分からない人は、欲が深くて地球学的オリオン文化の浸み込んだ人であって、自分たちが分からないからこれをないと否定することは最も不合理なことであることを悟らなくてはならぬ。

一、現今神霊界のことを説くところもたくさんあるが「洗心」して宇宙創造神と波長を合わせたものでない限り悪波のつながりであるから、間違いを生ずるもとをつくるのである。

一、三千年の永い間祖先よりオリオン文化に馴《な》らされた心の人々に宇宙学をお学びいただくことは大変困難なことであるが、宇宙学を学ぶことによって今日までのオリオン文化の誤りもはっきり分かり、地球の不幸の原因を知ることができるのであるから、一人でも多く宇宙学を学び、この地球が幸福に明るく平和にかえれるよう、優良な星の世界の人々と交流できる高級な地球人にかえっていただきたい。

一、上層部初め知識階級の人々はオリオン文化に浸りきっているので、なかなかこの道は分かり難いと思うが、分からないからと勉強しないことは、時代遅れになることであるから、率先して宇宙学を勉強していただきたいと思う。

一、地球学は頭に詰め込み記憶力と思考力を発達させる頭の勉強であったが、宇宙学は頭に詰め込む勉強でなく、心の調整を図る勉強である。心の調整を図ると己の心の非を悟ることができるようになる。己の心の非を悟る心にかえるとき、宇宙創造神とピタリと波長を合わせることができて、ソ連、アメリカが宇宙に向けて発射しているロケットがどんなに宇宙に害になるものであり、地球を滅ぼすものであるかということもはっきり分かってくるのである。

一、最高学府は出たけれど地球学のみ学んだ頭では、不思議や謎が多く、研究探究をすることが正しい立派な行いであると思い込むが、宇宙学を学ぶとき「中心」がしっかり分かるので、今まで地球人の行いがどんなに危険なものであったかということもはっきり分かるのである。

一、教育は社会の根元をなす。教育に携わっている人々が地球の位置を分からず、宇宙創造神の御存在を知らず、宇宙の法則を弁《わきま》えず、児童に教育を施すことがどんなに間違いであるかということを早く知ることが、子孫の幸福のためにも最も大切なことである。知識階級の人々が間違ったオリオン文化を取り入れたための地球の不幸であることを知り、宇宙学を学び、明るい平和な幸福な地球になるよう努力を願う次第である。

一、宇宙学を学ぶと日本の今日の間違った政策もはっきり分かり、自ずと善処することができる。時代の推移にあたり、宇宙学を読まれ高級な地球人になられんことを望む。

「宇宙学」入門

　宇宙学とは、肉眼で見ることのできない霊波念波の実在を知り、神界、霊界、星の世界の在り方を勉強する学問であって、これがしっかり分かるようになると、今日の地球上の人類の間違った生き方がはっきり分かり、思想が堅実に変わり、宇宙創造神とピタリと波長が合うようになり、すべてが明るく平和に幸福に、楽しく生活ができるように仕組まれているのである。

　地球学は、思考力と記憶力が発達した人なら、その心が汚れていても、我欲の強い鬼のような心の人でも、誰でも学ぶことのできる学問であるが、宇宙学は神に生かされているという敬虔と感謝の心にかえらなければ学ぶことのできない学問であって、地球学的に優れた才能をもった人にはなかなか解することのできない学問である。我欲の強い人、求める心の強い人、自惚《うぬぼ》れ、自尊心の強い人ほど理解できない学問である。

　我欲の強い人は、心のスクリーンが汚れているために、己の心に映じなければ、これを

「ない」と否定するが、放射能が見えなければ、これを「ない」と否定するのとなんら変わらないことであって、こんな非合理的なことはないのである。地球人は非合理的な生き方をしながら、自分の今日の生き方は正しいと自負して生きているのであるから不幸の絶え間がないのであるが、この不幸が何故に起こるか、それすら知らずに生きているのである。世の中に不思議や謎ということはないはずであるにもかかわらず、この文明の世の中に不思議や謎が充満しているのである。科学が発達したにもかかわらず、病気やつまずき、障りが非常に多いのであるが、これが何故に起こるか、その原因さえ知らないのである。この苦しみに乗じて宗教が発展してきたのであるけれども、在来の宗教のほとんどが頭脳に納めた観念の神仏であり、また、新興宗教の主導者のほとんどが、山にこもり、水垢離《みずごり》をとり、滝に打たれ、あるいは断食して得た霊感霊能をもって人々の病気を癒し運を開かせるのであるが、これらはすべて邪教であって、宇宙創造神との波長を断った姿であるが、地球人は三千年来間違って邪道に陥り、それが今日に及んでいるのである。

地球人は我欲に満ち満ちているため、肉眼で見ることのできないものに対しては全く無知な生き方をしているので、非常に視野が狭く、固く、暗く、不幸であって、自分の心の間違いさえも気付くことができず、矛盾だらけの生き方をして嘆き悲しみ苦しんでいるのである。このような状態になぜなったかというと、地球人が非常に欲が深いからである。

地位欲、金銭欲、名誉欲、性欲、食欲等、種々な欲を持っている。また、物事を知ろうと思う欲は大変旺盛であって、熱心に各般の知識を豊富に吸収しようと欲を出す。このような心は邪神とはつながっても、正神とつながることは全く不可能であって、地球人のほとんどが宇宙創造神の御存在を知らずに生きているのである。

地球学をすべてと思い込んでいる地球人に対して、地球の位置が現在どのような位置にあるか、宇宙創造神の御存在は？　霊界の在り方は？　地球外の天体である星の世界はどうか？　と問うと、「そんなことは分からないよ。そんなことが分かってたまるか」とか、「お前は自分の潜在意識でそのようなことを言っているのだろう」とか、「科学文明の世の中に、神や霊界があってたまるか。そのようなことは昔の野蛮的な考えであるよ」とか、「あれは少し気が狂っているのだよ」とか、地球学をすべてと思い込んでいる人々はなかなか信ずることができない。地球学は、オリオン星座の悪魔の霊波によって発達した学問であって、神とか霊波念波が分からないように仕組んだものである。まず難しいことを知るのが偉い立派な人であり、これが最高なものであるというのが今の地球人の考えである。そのような考えが、今日、行き詰まりを生ぜしめているのであるが、オリオン星座の方から来る悪波にすっかり浸されてしまっているのである。欲の深い地球人はこれに満足して今日に及んだのである。学問をするにも、昔の人のいった言葉とか、書物とか、また、日本ならば外国から来るものを尊重し、宗教であれば大昔から伝わっているものを正しいものであると盲信して、真に正しくこれを解明しようとすることをせずに今日に及んでいるのであるから、今日、ますます混乱状態に陥るのは当然である。

今日ただいま、地球人は静かに自らを反省しなければならぬ時が来たのである。前に記したように、宇宙学は、人々がまず敬虔と感謝の心にかえるときに学ぶことができると述べたが、この心にかえると、われわれの肉眼で見ることのできない霊波念波の実在がはっきり分かるように仕組まれているのである。

人間はわら人形に等しい存在であって、心の状態によって種々な霊波が身体内に入り込んで作用を起こしている。その支配下に入っているのが地球人である。地球人は欲が深いためにほとんどがオリオン星座から来る悪霊波の支配下に入っているのであるから、不幸になるのが当たり前であって、そのような見えない霊波念波の存在を知らない地球人は、幸福をこいねがい求めながら生きているのであるが、自分の思うようにならないのが今日の状態である。このような見えない霊波念波をしっかり把握できるようになると、すべての不思議や謎は消えるのであるが、地球学的な頭脳をもってしては決して分かることはできないのである。

地球学は、記憶力と思考力を発達させ、その点で優れた頭脳の持ち主が最高であると思い違いしてしまったのである。このような頭脳の持ち主は、自己を中心に考えて生きるために、自分の利益になることのみを追い求め、地位、名誉、金銭欲に駆られ、理解力、判断力、創造力に乏しいところから、いびつな、狭い、固い、暗い心で人々を指導しているのであるから、地球人が幸福になれようはずがないのである。このような頭の人は、肉眼で見ることのできない霊波念波の実在を知ることができず、これを「ない」と否定した、次元の低い心で生きているのが今日の状態である。

今日までの学問は、頭脳を使うことのみを一生懸命にさせ、難しいことを知る人を立派な偉い人物であるというような観念を持たせてきたのであるが、頭だけ伸ばすことのみに集中した学問をすべてと思っているのであるから、地球は非常に不幸に陥っているのである。

宇宙学は我欲の強い人には通じない学問であって、この書を読んで解らないという人は「私はこんなに欲の深い人間でございます」ということを証明しているようなものであることを悟らなくてはならぬ。高位高官に在る人でも、宇宙学の分からない人は頭が悪いのであって、実際は高位高官に就く資格のない人であるから速やかにその職を退かなくては、地球を不幸に陥れるものである。地球上いたる所の人々が目覚めて宇宙学を学ぶ心に変わるとき、世の中は明るく平和に向上するのである。
なぜ宇宙学を学ばなくてはならぬかというと、昭和三十五年（西暦一九六〇年）二月二十三日、日本皇孫殿下浩宮御誕生と共に、地球は今日までの悪い位置から良い位置に変わったのであるが、そのことは地球学的な頭を持った人々には決して分からないのである。浩宮御誕生以前は、オリオン星座の方から来る邪悪なる霊波によって制定せられた教育制度をすべてと思って、それで済ますことができたが、御誕生以後は優良なる星の世界と交流できるように地球の位置が変わったのであるから、今までの地球学的な心の在り方では間に合わぬ時が来たのである。

地球学は思考力、記憶力を発達させたために非常に我欲が深まり、過去の歴史、考古学、故事来歴、伝記等にとらわれて、現在から未来に関する考察に欠けているのである。また、心の面が神と波長を断っているので邪霊的であるが、自分が邪霊的であることもその良心が麻痺してしまって反省できず、ただ資格とか免状とか、肩書や形式にとらわれた心をもって生きているので、視野が狭いのである。また、頭が良いと自負している人々は、邪神とつながっているから非常に力が強く、人々を指導する能力を有するのであるが、「洗心」ができないために宇宙創造神のお力とお光を断っている姿である。宇宙創造神とつながることのできなかった地球は大変不幸に陥っているのであるが、地球学的な心を持った人々は宇宙創造神の御存在さえ知ることができないのである。

宇宙創造神の御存在を知らずに生きてきたからこそ地球人が不幸であることを悟らなくてはならぬ。優良な星の世界の人々と交流すると、その星の世界の人々は宇宙創造神の御教えを守り、宇宙の法則に従い、自他一体の愛の心で生きるのである。そのため、病気、つまずき、障りもなく、幸福に明るく平和に生きているのであるが、地球人は宇宙創造神の御存在も分からず、宇宙の法則も知らず、狭い、固い、暗い視野のもとに生きている。そして苦しい、悲しいと嘆いているのである。

では、宇宙創造神の御存在を知るにはどうすればよいか。まず、今日生かされているという敬虔な心にかえることである。感謝の心にかえることである。このような心にかえると、「憎しみ、嫉み、そねみ、羨み、呪い、怒り、不平不満、疑い、迷い、心配ごころ、咎めの心、いらいらする心、せかせかする心」が起こらなくなるのであるが、今日、地球人は生かされているという敬虔な心を失わせられている。猿から進化したものが人間であるという学問を本当であると思っている人々は、神の存在を否定しているのであって、今日の教育を受けた大部分の人々がこのような心で生きているのであるから、人間世界の真の幸福があり得ようはずがないのである。何故に今日の学問を肯定する心になったかというと、人間は欲が深いので理解力、判断力、創造力に乏しいからである。眼前の欲望に駆られて生きているので、宇宙学に対しても理解することができずに、教えられたことを鵜《う》呑《の》みにして、猿まね式にそうであると思い込むのであって、どんな悪いことであっても他人がするのだからしてもよいというような付和雷同式な考えを抱くのである。このような弱い心が地球人を不幸に陥れたのであるが、地球人はそのようなことに気付くことができないような迂闊《うかつ》な心で生きているのである。このように判断力が鈍り、実行力に乏しいからこそ不幸であるが、自分はなぜ不幸だろうかと己の不幸の原因を究明することのできないような無知な生活をしているのが地球人の今日の姿である。

肉体を養うことには全力を挙げてやかましく言っているが、病気の原因が一体何から起こっているのかについては、今日の医学もこれを知ることができないのである。「心」の写しが肉体に大変な影響を及ぼしているのであるが、そのようなこともはっきり知ることができず、理論では解っているふうでも、いざ病気になると慌てるのは実行していないからである。正しい理念がしっかり分かってくると英智がみなぎってくるように仕組まれているので、無限にいろいろなことがはっきりと分かるようになるのであるが、人間が真の「無」の心になりきることができずに不幸に陥っていることを悟らなくてはならぬ。

人間は肉体と霊とから成り立っているが、この霊、すなわち「心」を置き去りにした唯物論が盛んになったのは、オリオン星座の邪悪なる霊波の作用によってすべての学問が育成されたからである。法律において認めている肉体医学は、実は根本的に非科学的なものであるけれども、これを最も優れた医学として自負し発展したのが西洋医学である。それというのも、基礎である教育制度が邪悪なる霊波によって制定されているからである。宇宙創造神と波長を合わせてこれを見るとき、まことに危険と言わねばならない。

肉体医学をすべてと思い込んで、それに頼りきって薬石効なく霊界に入った霊が大変に苦しんでいる様を見ると、実に気の毒である。人間が「心」を置き去りにしてしまったのは、邪神的教育をすべてと思い込んでいるからである。地球上のすべてのものが邪神の支配下に陥っているのであるから、正しい理念を説く人もいなくなったのである。

日本は明治時代から特に教育方面に力を入れたために、努めて知識を豊富にしようとした。その努力の心が邪神とつながり、今日までに至っているのであるから、この書を読んでも解らない人が多いことと思うが、理解できる人は宇宙創造神とつながる立派な心の人である。医者の中にも、このことを頭ごなしに否定する人もあれば、心から賛意を表し自らの心を洗い清めようと努力する人もある。多くの指導者が今日までの教育制度の間違いを悟ってこれを正しい姿に改め、まず地球の位置を教え、地球人の心構え、霊界の存在、神の世界と宇宙のつながり、宇宙の法則、宇宙に在る星の世界の在り方を明示している「宇宙学」を教育に採り入れるようになれば、地球人の視野は広がり、平面科学が立体科学に変わり、この地球は明るく展《ひら》けるようになるのである。

地球人は、記憶力は確かであるが、判断力や理解力に乏しいのは、欲が深いからである。この欲をなくする心に変わると、判断力と理解力が発揮できるようになっているのである。「無」の心に変える努力をするとき、すべては明るく展けるのであるが、己の力で仕事をし努力をしていると思うからこそ、ひっかかりの心に変わり不幸が起こるのである。「無」の心にかえるとき初めて宇宙創造神とつながることができるのであって、神社仏閣に参拝したり願をかけたりしても宇宙創造神は現れ給わないのである。ところが、人間は祭壇を設けて、そこに神がお降りになると思い込んでしまっているのだから不幸である。祭祀をすることは邪神的であるにもかかわらず、文部科学省の当事者にはそれが解らないから、教科書の内容にも採り入れ織り込んでいる。キリスト教、仏教、神道、共に正しい信仰と思い込んでいる人々にはこのことが解らないのも無理がない。

宇宙創造神にはお祭はない。毎日怠りなく「洗心」することが宇宙創造神と波長を合わせることのできる生き方で、それでこそ「神の子」にかえれるのである。宗教は立派な教を説くが、「洗心」ができなかったために悪霊とつながっているのであるが、教祖も信者も悪霊とつながっている自分であるということに気付くことができず、自分は立派に宇宙創造神とつながっているという錯覚を起こして、人々を指導している。このような間違いがこの地球上を不幸に陥れているのであるが、そのような間違った自分であることも知らずに生きているのが今日の宗教界の人々である。

教育界も宗教界も、宇宙創造神と波長を断ってしまって、今やその頂点に達しているのであるが、悪霊のたくさん入っている人が上層部であるために良心が麻痺して、全く訳の分からない状態に陥ってしまったのが地球の現状である。

今日、地球を代表している国は米国とソ連であるが、両国共に科学の進歩を誇示することによって、お互いにわが国こそは世界を支配する偉い立派な国であると自負している。それが神と波長の断たれた観念であることは、宇宙創造神とピタリと波長を合わせて初めて知り得たのである。今日までの学問は地球学が主であり、宇宙学を知らない科学者連中が競っている姿は洵《まこと》に危険であると言わねばならない。数理学的、物理学的な究明がすべてであると思っている学者たちが、狭い視野の自分であることに気付くことができず、宇宙に目を向け始めたことは、結局、地球を滅ぼすことになっても、地球を幸福にすることはできないのである。

今日までの教育方法を正しいと信じている人々は、勉学の方法の誤りのために、真理を把握することのできないいびつな頭になってしまっていて、真理についても、五感をもって捉えられなければそれを信ずることができず、「神を見せてくれ」とか「霊を出して見せろ」というような間違った心をもって平気で生きているのである。そのような間違った心の人々に知らせるようにと、宇宙創造神は「取次の器械」をおつくりになって、神界、霊界、星の世界の在り方を科学的に発表しておられるのであるが、上層階級をはじめ、邪神邪霊の多く入り込んでいる指導者であればあるほど、この器械を信ずることを努めて避けようとしているのが現状である。

だが、この状態も長くは続かない時が到来したのである。宇宙学に入門なさる方は、まず今日までの観念をすっかり捨て去って「無」の心になり、敬虔な心、感謝の心にかえる努力をすることが肝要である。今日までの学問は記憶力、思考力を養い、それがすべてであると考えてきた、狭い視野のものであった。したがって、記憶力、思考力さえ確かであれば立派な頭脳であると思い違いしてしまった。これが地球の悲劇の基であったのであるが、判断力、理解力、創造力に乏しい地球人は、従来の学問の在り方を正しいと信じているために視野が狭く、不思議や謎や不可能事が非常に多く、科学万能を唱えてはいるが、社会に不幸や病気の絶え間がないのである。立体科学である宇宙学がしっかり解る心になることが、これからの地球人の生きる途《みち》である。

取次の器械について

「取次の器械」とは、宇宙創造神の御意図を取り次ぎ、地球の幸福を図るために神がつくり給うたものである。

今日まで多くの取次の器械をつくられ、この地球の幸福を図っておられるのであるが、ややもすると我欲のために宇宙創造神と波長を断って邪神とつながり、かえって地球に害を及ぼすものが多いとのことであった。

世の中を憂える人々は、何とかして幸福な世の中になるようにと努力をする心をもって山にこもり、水垢離し、滝に打たれて神を求める。霊感霊能をもって努力をするが、これでは世の中を不幸にしても幸福にすることはできないのである。

この取次の器械（田原澄）が命令を受けたのは、一九五三年七月一日のことであった。

器械の生い立ちを述べると、一九一三年九月八日。東京府下落合で軍人を父として生まれた。幼少にして母の郷里鹿児島市に移住し、青年期まで鹿児島にあり、女学校卒業後ナイチンゲールの博愛に憧れて日赤を志望、十年間、救護看護婦として務め、後に家庭に入り三人の母親になった。家庭生活に入ってから長男がトラックに轢かれ死亡、次女が得体の知れない病気にかかり医者に見放された。それで、ある宗教に入って自らの心の非を悟り、心を洗い清めるように努力するうちに、宇宙創造神より取次の器械の命令を受けたものである。

日赤を出た関係上、科学万能の心を持った器械は、なかなか神の教えを守ることができずに大変神に迷惑をおかけしたが、神の仰せになる「自惚れ自尊心は最も低級なる心」であることを悟り、自分は最も低劣な女であることを自覚して、この心を出さない自分になるよう努力した。「我の心」が悪魔とつながることを、器械になって初めて知ることができたのである。

こうして自らの心の非を悟る努力のみを重ね、たえず反省々々の毎日を繰り返すうちに、地球人の間違った生き方、教育制度の誤りがはっきりと分かってきたのである。今日の教育は、記憶力と思考力を植え付けることに努力をしている。社会の制度は教育が基礎である。頭が良いと言われる人は物おぼえが良い人であり、理解力や判断力や創造力においては全く無能なる人々が多いということが判明したのである。昔からの慣習を守り、世の中を正しく進歩させる方法を失っている地球を、はっきり感ずることができるようになったのである。

器械になって間もなく、このようなことを多くの人々にお伝えしたいと思ったが、地球上には肉眼で見ることのできないオリオン星座の邪悪な霊波が覆いかぶさっていて、地球人の中に入り込み種々と悪さをしている。このような時に、宇宙創造神の御存在を知らしめようとしてもなかなか聞き入れようとしないので、宇宙学の発表が今日になったのである。

今日の文化はオリオン文化であって、地球外の天体のオリオン星座から来る波動によって発達したものである。個人主義・自己中心の心を養わせられ、見えないものはこれをないと否定し、インテリになるほど神霊界を認めないようになる学問が発達しているのである。

このような学問をすべてと思い込んでいる地球人に、宇宙創造神の御意図を伝えてもなかなか分からないのは、オリオン文化が霊波念波のことを抹殺し、その方面のことにかけては無能にしてしまっているためであるが、インテリは自分たちが無能であることすら知らず、社会的な地位を利用して自己の思想を正しいものであると思い違いして生きているのである。そのために地球人は不幸に生きているが、自分たちが何故に不幸に陥っているのか、合理的にそれを知ろうともしないし、また知るだけの能力を失わせられている。

それは、今日までオリオン文化が地球をすっかり占領して、地球人は欲が深いからそれをすべてと思わせるように社会の機構をつくってしまったからである。弱い、欲の深い地球人は、これを正しい行き方であると思い込んで長いものには巻かれよ式の状態に陥ってしまっている。これが地球の今日の姿である。

教育制度を正しいと思い込んでいる地球人にこのようなことを言ってもなかなか信じきれない状態であるが、今の学問が行き詰まったとき必ず取次の器械の言うことを信じることができるようになる。

取次の器械について疑問のある人は、まず疑問視する前に、神の教えの『強く、正しく、明るく、我を折り、宜しからぬ欲を捨て、皆仲良く相和し、感謝の生活をせよ』を守り、憎しみ、ねたみ、そねみ、羨み、呪い、怒り、不平不満、疑い、迷い、心配ごころ、咎めの心、いらいらする心、せかせかする心を起こさないように自らの心の調整を図ることである。その時初めて取次の器械の言っていることが正しいと理解されることと思う。自らの心の非を悟って生きるとき、神霊界、星の世界の在り方がはっきり分かるようになる。

今日の地球上で行われている学問は、頭の方の勉強であり、心を分裂させているために、心のスクリーンが濁っている。このような濁った心の人には神霊界は映らないのである。

求める心をもって霊感霊能を現わしている人々が神霊界を分かっているような錯覚を起こしているが、これはほとんどが邪霊神であり、宇宙創造神は決してお降りにならないのである。

自分を「無」にして神の教えを守り得る心になるとき、初めて宇宙創造神とつながることができるのである。人間である以上、神の教えを守り、自らの心の非を悟ろうと努力するものは、すべて宇宙創造神と波長が合うのである。自己を買いかぶるような我欲の強い人は、どんなに卓越した頭脳を持っていても地球の役に立っている人とはいえない。

オリオン文化は、学校の成績によって人材を扱っているが、このような行き方がどんなに世の中を乱しているものであるかということを器械はしっかり知り得たのである。

昨今、ソ連、アメリカは宇宙開発のために科学の競争を始めた。宇宙創造神と波長の合った高級な地球人であったならば、宇宙の法則を弁《わきま》えることなくやたらに地球学的に発達した学問で、宇宙開発を振り回すことがどんなに間違いであるかということもはっきり判断がつくのであるが、悲しいかな、今日までのオリオン文化を正しいと思い込んでいるため、宇宙開発のことも一方的考えで推し進めているのである。頭の良い人ほど、地球を壊すとんでもない行動であることをも知らずに手を叩いて喜んでいる姿である。

今日まで神憑りの人々が幅を利かしていたために、ややもすると器械のことについても宗教や神憑り的なものと混同する悪い癖があり、また正しく理解することなく自己の低い次元で器械を片付けようと考える人もある。

オリオン文化の中で、地位や名誉を持っている人ほど器械の存在を認めようとしないのは、オリオンの邪悪なる霊波が中に入り込んで悪さをしているからである。このような無理解な人々が上層部にあって人々を指導しているのであるから、世の中が明るく平和になることができないのである。

器械には霊感霊能なく、ただひたすらに自らの心の非を悟る努力をして神と波長を合わせ、そうやって初めて出てくる四次元の在り方を皆様に伝えるものである。すべての人々が器械のように「心洗い」の努力をするとき、初めてこの地球が幸福になることを悟っていただきたい。

心は人が洗ってくれるものではなく、自らの心が悟りを開いて洗うように努力をしてこそ向上するのであって、人から言われるから仕方なく心洗いをするというのではなかなか向上しないのである。器械の自宅の玄関には、「己の心の非を悟ろうと努力をなさる方のみお入りください」と書かれてある。

宇宙創造神は、地球の幸福を御意図されている。私どもは地球人として心を洗い清め、この地球が幸福になるように努力しなくてはならない。それには、自らの心の中から出てくる邪念「憎しみ、ねたみ、そねみ、羨み、呪い、怒り、不平不満、疑い、迷い、心配ごころ、咎めの心、いらいらする心、せかせかする心」を起こさないようにすることである。毒素を出さない自分にかえるように地球人全体が変わるとき、すべて宇宙創造神と波長が合うようになるのであるから、努力して心の調整を図り高級な地球人にかえられんことを望む次第である。

宇宙の法則

大宇宙は宇宙創造神のしろしめし給うところである。われわれ地球に住む人類は我欲が強く、そのために宇宙創造神の光と力を遮断された生活をしており、宇宙創造神の御存在を知らず、宇宙の法則を知らない。

宇宙の法則は宇宙創造神がおつくりになったものであって、人智をもってこれを左右することは不可能である。

地球人が今日に至るまで宇宙における地球の位置を知らないままに生きているということは、地球人の頭脳がいかに低次元であり低級であるかを物語っているのである。

現今、地球上のいかなる国の教育でも宇宙における地球の位置を教えていない。また、他の天体にも人類が住んでいることも教えていない。悠久なる大自然の機構の実態も教えていない。それは、教育の根幹であるすべての学問、すなわち地球学というものが、地球人がその我欲のためにオリオンの悪魔の支配下に陥り、その悪魔に操られているとも知らずに記憶と思考のみをもって得た人智の集成されたものであって、五感の世界から外には一歩も出られないようにオリオンの悪魔によって仕向けられているからである。

地球人は欲深で自己中心的である。自己の繁栄、栄達、幸福、満足のみを追い求めて、自惚れ、自尊心、自信に満ち満ちている。このような心にオリオンの悪魔が巣食ってその人を支配してしまっているのが地球人の姿である。地球人はその悪魔のために五感を超えられないように仕向けられているために、悪魔に支配されていることも知らず、霊波念波の存在も分からないのである。

オリオンの悪魔は、地球人が宇宙の法則を知ることを恐れて記憶力と思考力のみの頭脳の持ち主ばかり養成することを企図したが、欲深い地球人はこの奸計《かんけい》にすっかり乗ってしまったのである。

こうした頭脳で築き上げられてきた今日の文化をオリオン文化というが、非常に高度に発達しているという地球人の自負にもかかわらず、実際は神霊界星界に関してはさっぱり分からない狭い固い暗い視野の文化であって、必ず行き詰まりを生ずる文化である。オリオンの悪魔の支配下にあるが故に、宇宙創造神の御存在を否定し、悪魔の正体を見破られる原因になることはすべて否定する文化である。

大宇宙は宇宙創造神がつくり給いしろしめし給うところであるけれども、われわれ地球人はオリオンの悪魔の企図にすっかり乗せられている姿であるために、神を見失ってしまっているのである。とりわけわが国は国法をもってオリオン的学校教育を実施しているために、国民のすべてがオリオン文化一色に包まれ、宇宙創造神の光と力から隔絶されているのである。また、各種の宗教が盛んであるけれども、それらの背後霊はすべてオリオンや土星の悪魔であって、信仰心のあつい人ほどそのような悪魔に強く支配されて世の中を毒しているにもかかわらず、言葉の魔力に操られている人々は五感で感知できること以外に対しては全く否定的態度をとっているのである。わが国の運営の中心人物である総理大臣をはじめとして、上層部や指導層の人々には特にそうした傾向が強く、宇宙の法則など全く知る由もなく、天災地変がどういうわけで起こるか、さっぱり分かっていないのである。

宇宙の法則とは宇宙創造神によってつくられ定められた法則である。人智をもってしては到底計り知ることのできない法則である。

大宇宙は、その三分の一が優良なる星界であり、残り三分の二が不良なる星界である。今より三千年前、宇宙創造神は、優良なる星界人の中の悪人や厄介者を一括してこの地球にお降ろしになり、地球を洗心の道場とされたのであるけれども、元来がそうした人たちであるから、とかく我欲をほしいままにして洗心を怠り、オリオンの悪魔の支配下に陥ってしまった。以来、三千年を経て今日に至ったのであるが、昭和三十五年二月二十三日、皇孫殿下浩宮御誕生を契機として、それまで宇宙の牢獄であった地球が優良なる星界と交流し得る位置に向上したのである。したがって、それまで栄えてきたオリオン文化時代に終止符が打たれて、これからはオリオン的地球人は地球上での生存が許されなくなったのである。オリオンや土星の悪魔によって占領されていた形であった地球が、今後は優良なる星界の指導下に置かれることになったのである。私が斯《か》く説いても、オリオン文化にむしばまれきっている地球人は神の光と力を遮断されているために何のことやらさっぱり分からないであろうが、宇宙の法則はわれわれ地球人が知ると知らざるとにかかわらず厳として存在するのである。

邪神邪霊の浄化修祓は宇宙創造神御自らはなさらず、人間を媒介としてこれをなさるのであって、これまでに多くの媒介者をおつくりになったのであるが、そのことごとくが神の教えにそむき、我欲をほしいままにして神の御意図に副《そ》い得ず、神意の具現を見ずして今日に至ったのである。今ここに神意にかなう取次の器械がようやく出現し、宇宙創造神はこの器械を通じて地球上にたむろしている不良星界の悪霊を祓《はら》い除《の》けるべくお仕事を始められたのである。

　不良星界の悪霊をこの地上から一掃することによって初めて地球には宇宙創造神の光と力が遍漫し、地球人社会の誤った機構が明らかにされ、次々に改められていく。

　地球人が何故にこの地球に降ろされたかという意義を知らず、ただいたずらに肉体を養うことにきゅうきゅうとして、社会的な地位や名誉や金銭の獲得が人生の幸福であるかのように思い込んでいる姿はまことに低級であって、それであればこそ絶えず不幸や病気に見舞われるのである。オリオン文化時代はそのような心の在り方でも宇宙の囚人なるが故に黙過されてきたけれども、宇宙の法則によって宇宙の牢獄であった地球の位置が向上した今日以後は、日夜心洗いして心の調整を図って努力する者のほかは地球人として生存を続けることは許されず、神の手によって早晩もとの地球のような他の天体に追放され、さらに洗心を命ぜられるのである。

　地球人は三千年の長い間、オリオンの悪魔のために操られていたので宇宙創造神の御存在すら知らず、悪魔の企図のとおり不幸な生活を続けてきたが、浩宮御誕生と共に地球の位置が向上し、優良なる星界と霊的に交流できるようになり、その手始めに、地球の霊界の優良な霊たちが太陽系の惑星である火星および金星に赴き、心の在り方について学び、さらに洗心の度を深めてこられた。

霊界の写しがこの現界であって、そうした霊界の動きはいずれこの現界にも現れくるのであるが、何分にも長年月にわたって悪魔の支配下にあったため、宇宙創造神の御存在を知り、その御意図にかなない、優良星界人と同列の域に達するにはまだまだ大変な時間が必要であり、神はあと四百年かかると仰せになっておられる。しかし、それであるからとて現在生きている地球人が手をこまねいていてよいというものではなく、たとえ何億の中の一人であろうとも、志ある人々が宇宙創造神の教えの「強く、正しく、明るく、我を折り、よろしからぬ欲を捨て、みんな仲良く相和して感謝の生活をせよ」とのお言葉に素直に遵《したが》い、また、「憎しみ、嫉み、そねみ、羨み、呪い、怒り、不平不満、疑い、迷い、心配ごころ、咎めの心、いらいらする心、せかせかする心」を決して起こさないように各自が心の調整に努めるならば、オリオン文化では全く知り得なかった神霊界星界についてすべてのものの真の姿が立体科学的に理解され、オリオン文化というものがいかに低次元なものであったかもしっかり分かり、大宇宙において牢獄として隔絶されていた地球であったこともはっきり認識できると共に、たとえ小人数であってもそれだけでも地球上が浄化されていくのである。

宇宙創造神の教えを自分の生活の上にしっかり照らしてみるとき、自分というものがいかに神意にかなわない生き方をしているかを誰しも痛感するであろう。そして、地球人の一人として地球に降ろされねばならなかった意義を切実に知り、洗心に努めて向上進歩してこそ神の御意図にかなう高級な地球人としての自分があると悟る時、初めて宇宙の法則は自ら理解されるのである。

我欲をほしいままにしたために地球に降ろされた宇宙の罪人であるとの自覚がしっかり出来たとき、初めて宇宙の法則は知ることができるのであるが、ある教団の教えの主題である「人間は神の子であって円満完全である」という思想は悪魔の思想であって、人々をしてますます自惚れ、自尊心、自信をほしいままに発揮させるだけであって、あたかも神のお言葉かのように偽装した悪魔に操られ、神の御意図に全く反した人物をつくり、宇宙の法則を理解することは絶対に不可能である。

いかに真理であっても、これを単に知識として頭脳に納めてよく記憶しても、心を伴わず行いを伴わない限り、真理はただ言葉の上にのみにとどまるのであって、宇宙の法則にかなわぬ心は神と波長を合わせられないから、そうした言葉の力では地球の真の幸福は決して訪れないばかりではなく、逆に世を毒することこれより甚だしいものはないということを肝に銘じなくてはならない。

教育をはじめ、今までのオリオン的社会機構が根底から立て直され、地球人が心の調整を図る方向へ生活の歩みを転ずるならば、人智のみの文化から英智に満ちた真の文化が展開され、優良星界人のように高次元の生活に一歩一歩近づき、地球は新しい姿に変わっていくのである。

宇宙の法則は各自の心の調整によってのみ理解されるものであって、従来のオリオン的な心境から脱けられない人々には決して分からないものであることをしっかり知っていただきたい。

要するに、地球人の一人一人が宇宙創造神の教えを素直に守り、日夜、心洗いにいそしむことである。そうすれば、宇宙の法則は各自の心の中に自ずと映るように仕組まれているのである。

優良星界人について

優良星界人とは、宇宙創造神の御意図にかない、宇宙の法則にのっとって生きている人々であって、大宇宙に散在する数々の星に住んでおり、いずれも自他一体の愛の心で満ち満ちている。そのため、そこには病気や一切の不幸がなく、毎日を愉しくうれしく歓びあふれて生活している。

宇宙全体の約三分の一が優良星界人の住んでいる星であって、今までそれが確認されているのは次のとおりである。

孔雀座　鶴座　鷲座　ペガサス座　鳳凰座　エリダヌス座　彫刻具座　竜骨座　帆座
とも座　乙女座　ケンタウルス座　天秤座　小犬座　ペルセウス座　双生児座　冠座
カシオペア座　さそり座　猟犬座　南十字星　北極星　金星　木星　火星　土星（内星）
月

優良星界人はこれらの星々に住んでおり、われわれ地球人に対して、三千年来、絶えず

「心を洗い清めるように」と呼びかけているのであるが、我欲の強い地球人はその我欲のためにオリオン星座の悪魔の支配下に陥って優良星界人と交流することができないまま今日に及んでいるのである。

今より約三千年前、これらの優良星界人の中の悪人や厄介者を一括して宇宙創造神がこの地球にお降ろしになり、地球をそれらの人々の洗心の道場となさった。それがわれわれ地球人の祖先なのである。しかしながら、地球人は神の御意図にそむいて洗心を怠り我欲をほしいままにした生活を続けたために、宇宙の不良星であるオリオン星座や土星の外星の悪魔の支配下に陥り、今日に至った。今日の文化はそうした状況の下に発展し到達したものであって、これをオリオン文化と言う。このオリオン文化にはぐくまれ培われた人々は、宇宙創造神の御存在を知らず、宇宙における地球の位置を知らず、地球人として生かされている意義を知らず、いかに生くべきかを知らず、地球のみでなく他の数々の天体にも人類が住んでいることを知らず、死後の世界、すなわち霊界のことも知らないのである。それらはすべてオリオンの悪魔に支配されているからである。また、社会生活の根幹となる教育の在り方は知育に偏り、記憶力と思考力には秀れても、判断力や理解力や創造力においては著しく劣った人物のみをつくりあげ、成績点数によって優劣上下を評価して競争意識をあおり、それが社会の階級制度とつながって、地位や名誉や金銭に対する欲求心を強め、そのために絶えず心の分裂が起こるのである。そこで神の光と力が全く遮断され、神を見失って、ただあくせくと肉体を養うことにきゅうきゅうとした生活を続けることになるのである。

社会における地位や名誉や金銭を獲得することを人生の幸福と考えている地球人は、優劣上下の差別をつけることは良いことであると思い込み、自惚れ、自尊心、自信に満ち満ちた生活を営んでいる。それだから、絶えず宇宙創造神が出してはならぬと仰せになる御法度の心「憎しみ、嫉み、そねみ、羨み、呪い、怒り、不平不満、疑い、迷い、心配ごころ、咎めの心、いらいらする心、せかせかする心」を起こして、その中にオリオンや土星の悪魔が宿ってますます不幸に陥っていくのである。しかし、地球人は欲が深いから、このようなことが頭では分かっているけれども止めることができない。そうした弱い心のために、みすみす不幸に陥る人も大変多いのである。神は強く生きよと仰せになるが、それは神の教えのとおりに生きよとのことであって、我欲をほしいままにすることは、強く生きるけれども神の教えを守る強さがないから、邪念妄想を起こして不幸に陥っていくのである。

地球人にこのようなことを言っても、なかなか分かってもらえない。清らかで安らかな、そして豊かな心にかえるとき、宇宙創造神の波長がはっきり分かるのであって、人間の心はコロコロしているから、一瞬それが分かるような状態にあっても、我欲の強いときは悪霊波が心身を占領するために、また分からなくなるのである。特に善に強い人は、ややもすれば神が出してはならぬと仰せになる「怒り、心配ごころ、咎めの心、迷い、疑い、いらいらする心、せかせかする心」を起こしがちであるから、絶えず悪霊波を受けて宇宙創造神の光と力から遮断されやすいのである。

長い間、自惚れ、自尊心、自信、希望という心を最も立派な心であると思い込んでいた地球人が、この心を起こさないように努めるのは大変ではあるが、その難しさを乗り越えてこのような心を起こさないようにすることが優良星界人と交流し得るようになる生き方である。私はこのことがはっきり分かったので、早速、神の教えを素直に守って心の調整を図る努力を始めたのである。

我欲に満ち満ちて、絶えず生存競争を念頭に置いて生きている地球人の中に在って、宇宙創造神の教えを素直に守り抜くことは大変に難しいと考えるのであるが、自分はないものであるという認識ができさえすれば少しも難しいものではない。自分というものがあるからこそ利害得失を考えるのであって、自分というものがなければそのようなことを考えることもなく、ただただ神の教えを素直に守る心になることができるようになる。神の教えどおりの心になりさえすれば、神の仕組みの中に入ることができ、こうありたいと、こいねがわなくても、すべてが都合よく図られるようになっているのである。

神は無の心にかえれと仰せになる。私は世の中を明るく平和にしようと思ったことはない。自分の心が出来てもいないのに、そのような大それたことを考えたところでどうなるものではないことが分かっているから、ただひたすらに自分の心を無にすることを心がけているのである。すべての人々が心を無にするとき、神と波長が合って神の仕組みに入るのであって、そうなれば神が御自ら世の中を明るく平和になさるのである。人間はややもすればはやる心を抱きやすく、良いことは一日も早くやり遂げなくてはならぬと努力するけれども、人間心で図ったことは視野が狭いから行き詰まりを生ずるのである。

人間は、今までのオリオン系の思想や観念ですべてを測ろうとする癖がある。立体科学が学べる心の在り方でもないのに、頭では真理が分かっているつもりでオリオン的な考えで推し進めようとする。すなわち言葉の力だけで何でも解決できるかのように考えがちである。宗教に凝った人々が真理らしいことを口にしながら心が全く伴っていないのは、宗教の背後にあるものが悪魔であって、宇宙創造神の真理を盗んで人々に教えているため、そこには決してまごころはないからである。しかし、一方で地球学においてもまごころということを教えていて、その言葉も口にして真理を説くので、何とも紛らわしいことである。

優良な星界人は競争意識が全くない。自他一体の愛の心をもって生きている。地球人は我欲が強いために地球に降ろされたのであるが、この我欲のために競争意識が激しいのである。優良なる星界人よりも低級であるがためにこの地球に降ろされたのであることがはっきり分かったならば、まず低級な心である競争意識を捨てることが最も大切であることを私は知ったのである、競争意識の中に、神が出してはならぬと仰せになる「憎しみ、嫉み、そねみ、羨み、呪い、怒り、不平不満、疑い、迷い、心配ごころ、咎めの心、いらいらする心、せかせかする心」が起こる。この心は邪念妄想であるから、そこから毒素を発散して病気や不幸の原因をつくるのである。

地球人に病気や不幸の絶え間がないのは、地球人の競争意識から生ずる毒素のためであることを全く知ることのできない文教当局が、今日のように競争意識をあおり立てている。そんなオリオン文化的な教育を根本から立て直さない限り、地球人に真の幸福は訪れない。日本の教育制度は明治時代から実施されているが、我欲の強い日本人はその教育の在り方の間違いに気付くことができず、誰一人として疑う者がいなかった。それこそが、負けじ魂に満ち満ちた低級な国民である証拠である。

日本は神国であるなどと言って威張って生活していた日本人の心は、地球を滅亡に導きつつあったのであるが、明治、大正、昭和にかけての日本人は外来の思想にかぶれてしまって、すっかりむしばまれきっている。自分の心の姿を反省する力もなく、ただひたすらに物質にかかずらい、精神の面はほとんど眠っている。こういった人々の姿は哀れなものである。

　優良なる星界人は、このありさまを眺めて、何とか早く眠っている理念を呼びさませよと通信してきているけれども、人々は物質欲の権化になっているために何のことかも分からず、眼前の欲望に引きずり回されている。上層部や指導層の人になればなるほど、外来思想にかぶれ切っており、精神面のことは宗教家の分野であるという、とんでもない観念を抱いているから、神が天災地変をもってその過ちを改めよと示唆されても、それを神の示唆として受け取ることができない。そのように無知な人物が人々の上に立って指導を続けているのが地球の実状である。

　私も地球人の一人であり、オリオン系の教育を受け、オリオン文化に浸りきっていながら、自分は正しく生きていると誤った自負心のもとに生活していたのであるが、ひとたびその間違いに気付かせていただいてからは直ぐその場から心洗いを始め、神と波長を合わせるように努力していった。そうしたなかで、人間に最も根深く食い込んでいるものは欲心であることを知ったのである。そして、その欲のために宇宙創造神の御存在を知ることができず、絶えずわがまま気ままであるということもはっきり知ることができたのである。自分をないものと考える心境に達すれば欲もなくなるものであることを心洗いに努めているうちにしっかり知り得たが、欲の心をすっかり捨て切れば自然に神の仕組みの中に入り、いままで人間が知ることができなかったこと、人間が欲心で求め求めてどうしても見ることができなかった神霊界や星界と交流できるようになったのは、神の教えを素直に守った賜であったと、宇宙創造神に心から感謝申し上げている次第である。

地球人のすべてが優良星界人のように自他一体の愛の心にかえることができた時、初めて地上天国が顕現するのである。善人になりたいとか善いことをしようとか言った欲の心では地上天国はできないのである。善いことをする必要は決してないのであって、ただ宇宙創造神と波長を合わせる努力をすればよいのである。すなわち動じない心になることである。自分というものをすべて捨てる心に変われば我欲がなくなるから、如何なることにも動じない自分にかえることができるのである。絶えず善いことを考えていると、悪いことが起こった時に心を動揺させてしまい、宇宙創造神とのつながりを絶った姿になる。それは不幸な姿である。

人間は、善人になりたい、善いことをしたいと思う心のためにかえって悪に染まっていたのであるが、悪に染まった自分の姿に気付き得なかったのは地球人が低級であるからである。より善き政治、より善き教育、より善き経済を目指して得たものは、すべて悪しきものであったことに気付くことができて初めて無の心こそが神意にかなう心であることがしっかり分かり、優良星界人と交流できるようになるのであるが、理念がすっかり眠っている地球人がこぞって無の心にかえるまでには、まだまだ大変な歳月を要するであろう。そこで、いま直ちに目覚め得る人達だけでも、神の教えを素直に守る生活に第一歩を踏み出して、無の心を養成するために心洗いに努めなくてはならない。

私は「無」の心を養う努力を重ねて優良星界人と交流できるようになったが、私を特殊な人間であると考えることは早計である。私は自分ほど愚かな人間はいないと今でも思っている。そんな愚かな私でも、日夜宇宙創造神と波長を合わせる努力を続けた甲斐があって、優良星界人とも交流できるようになったのである。

優良星界人から送られてくる言葉や音楽はまことに素晴しく、地球人にとっては想像の域を絶しているからなかなか信じていただけないが、信ずることのできない人は気の毒な人であると私は思うのである。よろしからぬ欲を捨てて神の教えを素直に守り、すべての地球人が優良星界人と交流し得る高級な地球人になる日の一日も早からんことを希求するものである。

地球外から見た地球内の在り方

地球外から見たというと、宇宙船に乗って地球外に出るようなことを考えがちであるがそうではない。

地球人は、今日まで刊行された書物を取捨選別することなく読むことによって知識を豊富にしようとした。このような行き方は心に分裂を起こさせ、肉眼で見ることのできない神霊界、星界については全く無知なる方法であるが、今日までの学問の方法を正しいと思い込んでいる人々は、全く無知なる生き方をしても、自分ほど立派なものはないと威張って生きているのであるから大変なことである。

取次の器械は、神の教えを素直に守り、自らの心の調整を図るうちに、神の取次の器械としての仕事ができるようになった。地球外に出ることのできる状態になって初めて、地球人の低劣な生き方がはっきりと分かったのである。

それによると、地球人は自己が中心であるために、自己を見つめ、自己の幸福のみを希うが、他人の幸福になることは喜ばない悪い癖がある。

各国も、自国の自慢で満ち満ちているために、他国を容れない、狭い固い暗い心で排他的である。これ一つとっても、地球人がオリオン星座の邪悪なる霊の波動を受けて、そのものの支配下に入っていることがわかる。

この霊波は、地球人の我欲の中に入り込んで、自尊心、自信、自惚れの心を植え付けているのであるが、このような霊波に支配されているものであることも、上層部初め、指導層は知ることもできず、職権を笠にきて国民を不幸に陥れているのである。加えて、このことについて誰も知ることができないように、地球人は低劣なる頭脳を高級であると誤信して生きているのである。

さて、星の世界に住んでいる生物は人間のような形をしているのか？　タコのように足が何本もあるというが、それは本当なのか？　相当地位の高いインテリが、平気でこのような質問をしているのが現実である。そして、ロケットをつくってこれを月に打ち込むことを何とも考えないようなソ連の仕打ちに対し、それを激励したり奨励するようなことが行われている。

わが国の首相が、フルシチョフに宛てて、宇宙に出た時祝電を送るなどというのは、全く無知なる野蛮的な行為であっても、すべての人がこれを正しいと思い込むほど地球は低劣な人で充満しているのである。

地球外に出てみれば、地球人すべての生き方の間違いをしっかり知ることができる。これを改めるには、まず教育の改正から行わなくてはならないが、これに携わっている人々が悪魔の支配下に入っているのであるから、地球全体が改まるには大変な時日を要するのである。

低劣なる頭脳であるために、神霊界、星界の在り方が分からず、天災地変が何故起こっているのであるか、その理由さえ知ることができず、上層部は被害があれば予算を組んで災害費を出すだけである。

国民すべてが「洗心」をして宇宙創造神の御意図に副うよう努力をしたら、すべての不幸が消えるのである。だからこれをしっかり知り、まず上層部が率先して「洗心」をし、心の調整を図り、国民を良導するとき、地球の幸福が訪れるのである。優良なる星界人は、指導者になれば宇宙創造神の御教えをしっかり守り、宇宙創造神と波長を合わせ、力と光をいただいてすべての人々を幸福に導いている。地球人は上層部が無知であるために多くの人々を不幸に陥らしめているのである。迷える小羊共をたくさんつくってしまったのは上層部である。

上層部に立つ人が、威張ることは最も低級な心であることを知り、自らの心を洗い清め、宇宙創造神と波長を合わせた上で指導をしない限り、真の地球の幸福は訪れない。

心ある人々は、まず心の調整を図り、宇宙創造神と波長を合わせ、高級なる地球人となってこの地球の危機を救っていただきたい。

第二章　「オリオン文化」とは何か

オリオン星座の邪悪なる霊波とは

オリオン星座とは、天文学でいう星座のことである。その邪悪なる霊波とは、肉眼で見ることのできない存在であるが、「洗心」して宇宙創造神と波長を合わせる心の状態になると、はっきりと分かるようにできている。

地球人は、このオリオン星座の支配下の学問を正しいものであると思い込んで勉強をしているため、五感のみ発達して第六感で感ずることができなかった。そのため、オリオン星座の知ることができず、三千年の永きに亘《わた》り、この霊波に悩まされて生きてきたが、その事実さえ知ることができずに今日に及んだのである。

過去、発行されている書物は、すべてオリオン文化のものであるため、一般人は邪悪なる霊波の実在を知らないのである。

放射能は肉眼で見ることのできない存在であっても、ガイガー計数器にかければはっきり映し出される。同じように、オリオン星座の邪悪なる霊波も、宇宙創造神の御教えをしっかり守り、「無」の心の状態になるとはっきり映し出されるようになる。地球人全体がこのオリオン星座の邪悪なる霊波の支配下に入り、暗黒の生活を続けていたことがはっきり分かるのである。

地球人は、心が汚れ、乱れ、腐っているために地球に降ろされた。心の訓練の道場として神が努力されているのであるが、祖先が悪者のためにオリオン星座の邪悪なる霊波にひっかかってしまっているのが今日の姿である。

では、邪悪なる霊波は、どのような形で地球人に入り込んでいるのか。それは、地球人の心の中に巣食っているのである。我欲が強く、自惚れ、自尊心、自信の強い人ほどこの悪魔がたくさん入り込んでいる。そのため、すべてが悪魔に支配されているようなものである。今日上層部にあって指導している人々は、ほとんどオリオンの悪魔が支配しているものであることをはっきり証明することができる。

例えば、このようなことを聞いて不審になる人を取次の器械にかけ、その人の中から悪魔を出してお見せすることができるのである。その悪魔を除けると、その人々の思想が変わってくるのである。

現今、ソ連、アメリカは、宇宙開発問題で大変な騒ぎをしているが、それに携わっている人々を拝見すると、オリオンの悪魔がたくさん入り込んで、そのものの支配下に入っていることがはっきり分かる。

フルシチョフを今から約三年前に拝見した時には、金星とつながるような立派な心の持ち主であったが、昨今はオリオンの悪魔がフルシチョフを占領しているのを見出すのである。

人間の心はころころ転んでいる。特に地球人は、理念がないために、自分の想念のみで生きる悪い癖がある。そのため、心が絶えず動揺しているのである。そうやって動揺する時に悪魔が心を支配してしまうのであるが、人間はそれを知ることができない。

地球人が地球に降ろされた意味を知り、神霊界、星界がしっかり分かり得る高級な地球人になることができていれば、決して今日のような地球の状態にはならないのである。

地球人は疑問が多くて、たえず研究、探究に明け暮れている。しかも、根元の宇宙創造神の御存在を知ることができずに人知をもって種々のことを知ろうとする。そうではなく、心の調整を図り、宇宙創造神と波長を合わせ得る心の状態になれば、今の研究探究が如何におかしなことであるか、はっきり分かるのである。

オリオン星座の邪悪なる霊波は、大なり小なり全地球人の心の中に巣食っている。我欲の強い人、記憶力、思考力の豊かな人ほどこの霊波が巣食ってその人を支配しているのである。上層階級初め、知識人は特にこの霊波の強烈なのが入り込んで悪さをしているのであるが、地球人は自分がオリオン星座の邪悪なる霊波に支配されているのを知ることができず、麻痺した心で生活をしているのである。

オリオン星座の邪悪なる霊波のことを、「邪神」と名付ける。

この邪神は、地球人の心の中に巧みに入り込んで地球人の不幸を図っていたのである。教育制度を制定したのもこの邪神であり、欲深い地球人は、邪神の命令どおりに唯々諾々とこれを実践し、そのことに対して疑問を持つこともできないように、判断力、理解力、創造力において実に無知なる頭をつくり上げてしまったのである。

このような学問は、五感の世界のみを知る方法であって、五感を超えることができなかった。

邪神は、地球人に第六感を知らせると自分たちの悪事が分かってしまうので、地位、名誉、金銭をからませて教育制度をつくり、国語、算数、理科、社会等々、知育に重点を置き、心の分裂を図り、競争心を起こさせて優劣をつくる方法を与えたのである。欲深い地球人は、何とかして人より優れたいと思う欲望を持つために、この学問の間違いを究明することもできないような、いびつなる頭で指導者もろともに間違った生活をしてきたのである。しかも、自分たちが間違った教育制度を採り入れていることすら知ることのできないように悪魔の支配下に入ってしまっているのである。

神は、地球に人間が住めるようになったとき、優良な星界の中の不良なる人をお降ろしになり、洗心の道場とされたのであるが、もともと不良な心であるために、オリオンの邪神にすっかり迷わされてしまったのであって、三千年の永きに亘り、地球人は邪神の支配下に入っている自分を知ることもできず、不幸に嘆いてきたのである。

取次の器城（田原澄）は、今より八年前に、宇宙創造神に心の間違いを教えられ、自らの心の非を悟り、宇宙創造神の御教えの「強く、正しく、明るく、我を折り、宜しからぬ欲を捨て、皆仲良く相和して感謝の生活をせよ」を守り、「憎しみ、ねたみ、そねみ、羨み、呪い、怒り、不平不満、疑い迷い、心配ごころ、咎めの心、いらいらする心、せかせかする心」は悪魔とつながる心であることを知り、自らの心の調整を図る努力のみ重ねた結果、ついに宇宙創造神と波長を合わせ得る状態になることができて、初めて邪神をしっかり知ることができるようになり、これを除去することができるようになったのである。

邪神を除ける時、大部分の人々を宇宙創造神と波長を合わせ得るような清々しい心に変えることができることをしっかり知ったのであるが、我欲の強い人はなかなか邪神が除かれないため、このような人は永遠に不幸な人であることが発見されたのである。

宇宙創造神は、今日の地球人の迷いを何とかして救わんと「宇宙学」を刊行して地球人全体に読むようにとすすめておられる。邪神の食い込んでいる人はなかなか読もうとしないが、このような人にはすすめる必要はないといわれる。それは、地球が向上し、今日までの地球の位置でなく優良なる星界人と交流できる状態に変わったので、不良な人々はどんどん清算される御計画であるためである。

清算される人々は、地球のような他の星の世界に送られて、再度心の訓練をしなくてはならない。そのような人は、総理大臣であろうが高位高官であろうが、立派な地位の人であろうが、学者や博士の肩書を持った人であろうが、地球に住んで宇宙創造神の御存在を認めることができず、宇宙の法則を守ることのできない人は、すべて処理される時が来たのである。その時は来たのである。今日までは、三次元の教育制度の学問の在り方で間に合ったが、これからは、今日までの教育制度の在り方で間に合わぬ日がやって来たのである。

どのような立派な頭脳の持ち主であれ、神霊界、星界の在り方を知っている人は一人もいないといって過言でない。むしろ上層階級になるほど神霊界星界についてはその存在を否定する人が多いのである。

このような間違った頭脳の持ち主が指導をしているのであるから、科学万能を唱える今日、不幸が多いのは当然である。

科学の結晶であるラジオやテレビより飛び出す邪霊邪念が、日本国中で見たり聞いたりする人の中に入り込んで種々な悪さをすることすら知らないほど低い科学のために、地球人は科学万能を唱えながら不幸を起こしているのであるが、そのようなことに対しては全く無知である。

放射能が見えないように、霊波念波も肉眼では見ることはできないのであるが、心を清めていくと宇宙創造神とピタリと波長が合うようになると同時に、霊波念波の実在がはっきり分かるようになるのである。

教育が心の分裂を図り、霊波念波の実在を知らしめないように努力をしたために、社会の機構もやはりオリオンの計画にすっぽり入ってしまっているのが現在の地球の状態である。上層部初め、すべての地球人がオリオンの支配下に入っていることがはっきり分かるのである。

優良なる星の世界は、自他一体の愛の心で生きている。それは宇宙創造神の教えを素直に守り、宇宙の法則に従って生きており、美しい心であるためである。

光と力を充分にいただいている優良な星の世界の人々は幸福である。

オリオンの支配下にあった地球人は、自惚れ、自尊心、自信に満ち満ち個人主義、自由主義で分裂、争い、戦争の絶え間がない。いつの時代も、不安、恐怖、不幸がつきまとっているのが地球人である。それは地獄さながらの地球の姿であることが、優良なる星の世界と交流してはっきりと分かるのである。

地球人すべてが目覚めなくてはならぬ日がやって来た。それは、西暦一九六〇年七月二十一日、オリオン星座黄色の国の元帥が降伏されて、宇宙幸福のために努力をすることを宇宙創造神に誓われて、唯今大活躍中であるからである。

肉眼で見ることのできない霊波の動きがはっきり分かる時、すべての人々は今日までの間違った生き方をはっきり認識するようになるのである。

それには、心を洗い清めて心の調整を図り、立体科学の分かる賢明なる地球人に変わるべく努力をすることである。

オリオン星座の邪悪なる霊波の存在さえ分からないようでは時代遅れも甚だしいものである。知らない人は最も野蛮な人であるといえるのである。

これからは心を洗い清め、オリオン星座の邪神の分かる高級な地球人になるよう、地球人全体が洗心をしなくてはならぬ時がやって来たのである。

オリオン文化の末路

地球は西暦一九六〇年までオリオン文化であった。それは、オリオン星座の支配下にあった地球ということである。オリオン文化は階級意識、地位、名誉、金銭を主に考え、肉体中心の文化であって、その末期は特に唯物論が盛んで、何事にも金と物が幅を利かす文化であった。

オリオン文化の思想は自己中心で、自己満足、自己完成で、まず自分の幸福を考える我欲の思想であった。このような思想は、分裂、争い、戦争を起こす思想であって、地球人はほとんどがこのような思想で生きていた。地球が三千年の長きに亘り、オリオン星座の邪悪なる霊波に支配されていたからである。地球人にこのようなことを言っても分からないのは、地球人の肉体と心との中にオリオン星座の邪悪なる霊波が入り込んで、分からせないように仕組んでいるからであって、我欲の強い人ほどオリオン星座の邪悪な霊波を感知することができない。我欲の強い人々に強烈な悪波が入り込んで、その霊波が支配しているのであるから、分からないのも当然であると言える。

教育制度もこの悪波の支配下にあって、地位、名誉、金銭欲をからませて、社会の機構をつくってしまったのである。がんじがらめになっている地球人、特に教育が普及された日本は、すっかりオリオン星座の虜囚になってしまっている。社会全体がオリオン星座の支配下に入っているのであるが、これを正しく解明して、種々な階層の人々に伝えるということは大変な時間を要するのである。


西暦一九五九年十一月、オリオン星座の邪悪なる霊波が囁くには、「地球人はそのほとんどが欲が深いので入りやすいが、お前だけは欲がないので入ることができぬ。お前の中に入ることができないから、宇宙創造神の光と力がぐんぐん入り込んでくる。今日まではオリオンが占領して種々と悪さをすることができて面白かったが、お前のおかげですべてが知れ渡るとき、われわれの仕事ができなくなる。困ったことである」と。この言葉を聞いた器械（田原澄）はびっくりしたのである。

西暦一九六〇年二月二十三日、日本皇孫殿下浩宮御誕生と共に、優良な星の世界と霊的交流が始まった。霊的交流とは、地球の霊界の霊が優良な星の世界に行くことができ、お互いに交流できるようになったことをいう。霊界の喜びは大変なものであるが、霊界の分からない地球人には感知することはできないのである。

西暦一九六〇年七月二十一日、オリオン星座黄色の国の元帥がこの器械にかかり、宇宙創造神に対して自分たちの今日までの間違った心を詫び、宇宙幸福のために努力をすることを誓われた。そして同年八月十六日には、八割の邪悪なる霊を従えてオリオン星座に引き揚げたのである。元帥はその時、「今まで三千年の長い間地球を苦しめてまことに申し訳なかった。これから八割の部下を連れてオリオンに帰る。後の二割の者はどうしても聞き入れないから残すが、後は器械によろしく頼む。だがもし悪い事態が起こった場合は、何時でも救いに来る」と言って地球を去られたのである。

その後、ソ連、アメリカは宇宙に向かってロケットを発射して宇宙の探索を始めたのであるが、これはオリオンの残党が科学者たちに入り込んで、地球滅亡（地球の流星化）のために努力をしているせいである。取次の器械は、地球滅亡にならないように日夜努力を続け、その甲斐あって地球は未だ滅亡せずに済んでいる。

霊波の浄化作用は、生きている人間によって初めてできるように仕組まれている。我欲の強い、頭の良い人は容易に浄化できないのであるが、「無」の心で生活できるものは誰でもできるように仕組まれている。神の教えの「強く、正しく、明るく、我を折り、宜しからぬ欲を捨て、みんな仲良く相和し感謝の生活をせよ」を守り、「憎しみ、嫉み、そねみ、羨み、呪い、怒り、不平不満、疑い、迷い、心配ごころ、咎めの心、いらいらする心、せかせかする心」を起こさないように、神の教えを守って生きさえすれば、誰でも地球幸福のために努力ができるようになるのである。一人でも多く心を洗い清め、地球幸福のために努力をすることが、オリオン文化と訣別するためには大切なことである。このことについては、頭の学問だけをすべてと思い込んでオリオン文化を尊重している頑固な心の人々には分からないことであるが、地球を愛し、自己を捨てきることのできる立派な人々にはわかっていただけることと思う。オリオン文化は頭の方の勉強を努力させ、記憶力と思考力を植え付け、そのようなことが正しい生き方であると地球人に思わせた文化である。そのために理解力、判断力、創造力においては全く皆無な人間をつくりあげてしまったのである。オリオン文化の学問をたくさん詰め込んだ人ほど宇宙創造神の御存在を知ることができない。熱心にキリスト教の聖書や仏典を読んで、観念の神はわかっても、真の神とつなぐ心の調整が計られていないのである。

オリオン文化は、心の分裂を図るために、まず道徳観念を植え付け、宇宙に羽ばたくことのできない、狭い、固い、暗い心に閉ざされるように仕組んだ。種々と戒律が多いため、道徳教育を重んずる人ほど他人を咎め裁く心を持ちたがるのである。自分が神とつなぐような立派な心でもないのに、批評したり咎めたり裁いたり、神がなされる仕事を人間がこれを行っているのである。このような心が社会を乱し、人々を苦しめる心であるが、自分の出している心が間違って世の中を苦しめていることなど気付くことができず、自分ほど社会に尽して立派に生きている者はないと思って生きている。また、周囲にある人はそのような人が立派な人であるとして尊敬し表彰するようなことになるため、オリオン文化のもとに真の幸福があり得ようはずがないのである。

国家を思う観念の強い人々には、オリオンが中に入り込んで悪さをしているのであるが、このことを知ることのできない地球人は、このような人々を立派な人であると思い込んできた。もともと、人間が国を救うということはできないのであるが、国を救うが如きことを考えさせることはオリオン文化の行き方である。一人一人が宇宙創造神と波長を合わせ得る心にかえりさえすれば、地球は高級な地球にかえることができるのである。

優良なる星の世界の人々は、自他一体の愛の心で神の教えを素直に守り、心の調整を図って居られる。そのために病気、つまずき、障りなく幸福に千年以上も生きている。地球上はオリオン文化のために心の分裂を起こし、神と波長を断っているので、病気、つまずき、障りが多くて不幸である。それは、前に述べた通り、教育制度が心の分裂を起こすように仕組まれているためであって、この根源の誤りが不幸を起こしているのである。オリオン文化は心の分裂を起こさせるように仕組まれているので、その末路は非常に哀れであるから、地球人は我欲を捨てて心の調整を図る「心洗い」を努力することである。

宗教を追い求めた地球人は、熱心に神を知ろうと努力をした。このような心は、悪霊とつながっても宇宙創造神とはつながることはできない。山にこもり、水垢離をとり、滝に打たれてつないだ神は、すべて邪神である。

宇宙創造神の教えを守り得る心になるように、地球人全体が「洗心」をするようになると、オリオン文化の末路がはっきり分かるのである。

オリオン文化に染まっている心では、このようなことを言ってもなかなか分からない。神の教えがわかって「洗心」をする心に変わると、肉眼で見ることのできない神界、霊界、星の世界がはっきりと分かるようになる。オリオン文化の末路は非常に哀れで、この文化を正しいと思い込んだ指導層や学者等は大変な不幸に陥らねばならぬことを悟らなくてはならぬ。

一九六一年は、オリオン星座の邪悪なる霊波が八割オリオンに引き揚げて二割が残っている状態である。地球人は三千年の永きに亘りこの文化に馴らされた心を持っているから、宇宙創造神とつながり得る大和の精神にかえるには長い時間を要するが、そのような間違いがはっきりわかった今日、分裂する心を直し、心の調整を図る「洗心」をして神の英智を頂けるように努力をすることが、最も幸福な生き方であり、優良な星の世界と交流することのできる生き方である。

オリオン文化を重んずる心は、五感のみ発達させて、霊界の在り方を知ることができないのである。自分の身体内に入っている霊波念波の作用を知らないのである。そのために病気の根源を衝くこともできず、病気に罹《かか》るとまず肉体医学に頼るだけで、霊波念波の作用から起こっている真の病因を知ることもできない。宇宙創造神の御教えの「己を空しし人の為世のためにつくせ」とのお言葉を守り、自らの心を神と波長を合わせるように努力をするとき、病気不幸は一切ないのである。地球上に現在病気不幸が多いのは、心の調整が欠けて分裂を起こしているためであることを悟らなくてはならぬ。人間には本来、病気不幸一切ないのであるにもかかわらず、地球人にこの不幸が多いのはオリオン文化のためであった。

地球人が欲を捨て、今日生かされている意義を知り、宇宙創造神の御教えを素直に守り得る努力をするとき、神界、霊界、星の世界の在り方がはっきりわかってくる。その時初めて今日までの生活はオリオン文化であり、今はその末期に達したのであることもはっきりと分かるのである。

今日の教育をそのままに尊重し、最高学府を出たと威張り、地位や名誉や金銭にとらわれる心である間は、オリオン文化の末路は決して分からない。科学万能を唱え、医学が進歩したといわれるが、病人は後を絶たず増える一方である。これらはオリオン文化をすべてと思い込んでいる間違った心のためである。オリオン文化は霊波念波を知らしめないように三次元だけの頭脳を養成し、今日、地球が破滅に瀕している状態であっても、それを知らしめないように仕組まれている。

昨今、流行性感冒が何故に流行するのか、また、交通事故が大変に多いのは何故なのか、その原因を知らずに生きている。自殺した人々は、死ぬ時の苦しみを霊になっても長い間続けているのであるが、かように、死後の世界を知らないように仕組んだオリオン文化は地球人を大変苦しめているのである。死後の世界を知らしめないので、自分が苦しく、どうにもならない時は自殺行為に走ることになる。学校教育の中に霊界が採り入れてあったら、このような無知な行為は行われないはずであるが、死後の世界を知らせないようにしたオリオン文化の仕組みは、地球人を不幸に誘致するように出来ているのである。

上層階級になるほど、オリオン星座の悪波が身体内に入り込んでいる。オリオンの支配下にある上層部の人々は、神界、霊界、星の世界のことについては分からないのである。すなわち、宇宙創造神の御存在を知らしめないように仕組まれているのであって、インテリになればなるほど無神論を唱えるのは、すべて悪波の支配下にあることを物語るものである。

階級制度は、オリオン星座の写しを地球にもってきたものである。地球人はこれを正しい行き方であると考えて、上層部をはじめその制度を採用しているのである。宗教界もほとんど階級制度である。これはすべてオリオンの文化であって、すべての分裂や争いのもとをつくるのである。社会すべての機構がオリオン文化で成り立っているのであるから、地球が幸福になり得ようはずがない。

優良な星の世界と交流すると、その世界は自他一体の愛の心で生きているために、病気不幸なく常に幸福に生活している。地球人も早く自らの心の間違いを悟り、個人主義、自己満足、自己完成の心から脱却して、宇宙創造神の御教えを素直に守り得る心にかえることである。

器械（田原澄）は、今より八年前に、自惚れ、自尊心が最も低級な心であると神の仰せを受けた時、自分の汚さ醜さを知り、直ちにこの心を捨てる訓練に努力をした。その甲斐あって、地球人が今日まで看過していた間違った心遣いを知ったのである。

地球人全体がオリオン文化に浸っている間は、地球に真の幸福は訪れない。オリオン文化の末路は哀れであることがはっきりわかったのであるから、地球人はこぞって心を洗い清め、心の調整を図り、宇宙創造神と波長を合わせ、高級な地球人にかえることが肝要である。

金星、木星、土星及び月等の世界では、地球人がオリオン文化より目覚め、宇宙創造神の御教えを守り得る高級な地球人にかえることを望んでいる。空飛ぶ円盤で地球を訪れるのはそのためであって、一日も早く高級な地球人が一人でも多く出来て、地球がオリオン文化より解放され、高級な地球にかえれるよう地球人全体が「洗心」をすることである。

お互いに尊敬し合う心にかえったら、今日までの苦しい地球ではなくなる。自分が偉いと思うから争いが起こるのである。人に譲る大和の精神にかえる訓練をして、この地球が優良な星の世界と交流できるよう心から願う次第である。

地球の位置について

地球人は、地球の位置を知らず、肉体の欲望にかられて生きている。それは、今日までの教育制度が、根源の宇宙創造神の御存在を知らしめないように仕組んでいるためである。そのために、地球の位置さえ知ることができず、自分ほど立派なものはないと自惚れ、自尊心、自信に満ち満ちて心の分裂を起こしているので不幸な生活を続けているのである。

上層部をはじめ、すべての人々が地球人の生きる道がしっかり分かるようになったら、今日のような間違った地球人にならずに済んだのである。

今日までの教育はオリオン星座の邪悪なる霊波の指導下にあるために、五感のみを発達させる教育方針をとっており、立体科学を学ぶことができないのである。

この霊波は肉眼で見ることはできないが、地球人が我欲を捨てて心の調整を図るようになれば、心のスクリーンが清まって、はっきり映し出されるようになる。

今日の教育制度は競争心を起こさせ、心の分裂を招来しているのであって、世のインテリ諸氏に地球の位置について話してみてもなかなか分からない。

宇宙創造神の御教えの「強く、正しく、明るく、我を折り、宜しからぬ欲を捨て、皆仲良く相和して感謝の生活をせよ」を守り、「憎しみ、ねたみ、そねみ、羨み、呪い、怒り、不平不満、疑い、迷い、心配ごころ、咎めの心、いらいらする心、せかせかする心」を起こさないように心の調整を図ると、宇宙創造神とピタリと波長が合うようになるために、地球の位置がはっきりと分かるようになる。

地球に人類が住めるような状態になった時、優良なる星界の不良なる人々を一括して地球に降ろされ、「洗心」の道場とされた。ところが、「洗心」の道場として降ろされている自分であることの認識をすることができず、オリオン星座の邪悪なる霊波の支配下に入り、自惚れ、自尊心、自信、希望に満ち満ちて「洗心」を忘れ、三千年の長い間悪魔の支配下に入っていたがために、科学万能を唱える学問を習いながら、不幸や病気が多いのが地球の今日の状態である。

心の調整を図り、優良なる星の世界と交流してみてびっくりしたことは、すべてが自他一体の愛の心で生きていることである。ゆえに、優良なる星の世界には病気不幸なく、幸福な毎日を送っている。地球人は間違った学問を正しいと思い込み、心の分裂を起こしているせいで悪魔と仲良くなり、毒素を発散して生活をしている。その毒素が自他共に不幸を起こすもとをつくっているが、自ら発散する毒素のために不幸や病気を起こしていることを知ることもできない状態である。

牢獄に等しい地球の位置であったが、西暦一九六〇年二月二十三日、日本皇孫殿下浩宮御誕生と共に、今までの位置より優良なる星界人と交流でき得る位置に変わったのである。一九六一年からは、オリオン文化では間に合わぬ時に至ったのである。

今までの頭の学問で間に合わぬ日がやって来た。すべての人々が目覚めて「心洗い」をして心の調整を図り、優良なる星界人と交流でき得る高級な地球人となる努力をしなくてはならぬ。

低級な地球人

地球人は低級であるから、地球が宇宙のどこに位置しているかを知らない。地球人としてこの地上に生かされている意義を知らない。如何に生くべきかを知らない。宇宙創造神の御存在を知らず、その御意図を知らない。宇宙の他の天体にも人類が住んでいることを知らない。肉体が朽ちることを死と呼んでいるが、死んでから先の霊界の存在も知らない。

このように、人生の最も根本的な事柄に関しては何も知らず、オリオン星座の悪魔の支配下に栄えてきたオリオン文化を正しいものであると妄信し、記憶力と思考力の強く確かな人を立派な人物と思い違いし、眼前の欲望に駆られ、人生の幸福は社会的な地位や名誉や金銭を手に入れることであると考えているのが今日の地球人の姿であって、それであるから地球人は低級であるというのである。

もし地球人の指導者が宇宙創造神の御心にかなう高級な心の持ち主であったならば、オリオン文化は発達しなかったはずであるが、現に今日の地球人自滅の危機をはらんだオリオン文化の極限から見て、高級な地球人は今までほとんどいなかったと言って差し支えない。低級であるが故に神霊界や星界について何も分かっていないのであるけれども、それを否定することがインテリである証拠のように考える人々が少なくないのであって、これらの人々は低級の上にも低級であると言うべきである。

優良なる星界人は宇宙創造神の御意図に遵って自他一体の愛の心で生活している。それだから、そこには生存競争がなく邪念妄想がなく、絶えず幸福に明るく平和に生活している。すなわち宇宙の法則に適った生活をしているのである。それに引きかえ、地球人は自己が中心で欲が深く、絶えず何かを知りたい、見たい、聞きたいという欲心に駆られ、そのような心の奥深く肉眼では見ることのできない悪魔が入り込んで、その企図のままに操られてしまうのである。これがオリオンや土星（外星）の悪魔なのであって、地球人はそのような事実を全く知らずに今日まで生きてきたのである。私も宇宙創造神の御存在を知るまではやはり低級な地球人の一人であって、オリオン的な学校教育で培われた思想や観念を正しいものであると信じきって生活していた。宇宙創造神のお諭しを受けて、自分の心が如何に低級であったかを自覚することができて、宇宙創造神の教えの「強く、正しく、明るく、我を折り、よろしからぬ欲を捨て、みんな仲良く相和して、感謝の生活をせよ」また、「憎しみ、嫉み、そねみ、羨み、呪い、怒り、不平不満、疑い、迷い、心配ごころ、咎めの心、いらいらする心、せかせかする心は悪魔とつながる心であるから起こしてはならぬ」とのお言葉を素直に守る生活を実践するうちに心の調整ができ、五感では知る由もなかった神霊界や星界が初めて分かってきたのである、そして、実に愚かで低級な自分であったことを痛切に知り得たのである。

私が低級な地球人であった間は、絶えず病気や不幸に見舞われながらその根源が分からないまま、もともと日赤の看護師出身であるだけに、西洋医学的な見地からいろいろ心配したりしたものであったが、宇宙創造神と心の波長を合わせ得て、心の調整が乱れない限り病気や不幸は起こるものではないことをはっきり知ることができたのである。

病気に罹るには三つの場合がある。己の心の間違いから起こる場合と、因縁と言ってその人の祖先霊の迷いが子孫の肉体にかかって起こる場合と、他人の邪念妄想から発散する念波の毒素によって起こる場合である。そしてそのいずれもが、自他の心の分裂によるのである。第一の場合は、心の乱れを鎮めて調整を図り、神と波長を合わせれば自然に病気は消えてなくなる。第二の場合は、その因縁を絶って霊の迷いを解くことによって解消する。第三の場合は、もとの邪念が持続している間はなかなか回復しないけれども、念波を受けた人が心の調整を怠らず、いつも宇宙創造神と波長を合わせてさえおれば、たとえ瀕死の苦しみをすることがあっても決して死ぬようなことはなく、その苦しみに対しても感謝する気持ちでおれば必ず健康を取り戻すものである。

世の中で最も恐るべきものは宗教の背後霊の働きであって、信仰心の篤い人ほど宗教に凝り固まって、その背後霊に憑かれて病気や不幸の原因をつくってしかもそのことに全く気付き得ず、言葉の上だけで教義の中に盛られた真理に心酔して自己満足し、いつとはなしに不幸に陥っていく人が少なくないのである。その外見にも似ず、このような人々は低級なのであって、霊界に入れば人一倍の苦しみを受けるのである。脳溢血、心臓病、癌などは宗教の背後霊すなわちオリオンや土星（外星）の悪魔によって引き起こされることが多いのであるが、五感の世界しか考えることのできない低次元の現代医学では到底理解することは不可能なのである。

地球人が病気に対して恐怖するのは、低次元の頭脳では霊波念波の実在やその作用について全く知り得ていないからであるが、日夜心の調整を図り心のスクリーンが清まってくると、霊波念波の姿がはっきりそこに映し出されるようになり、これを捕捉し処理し得る能力も神から与えられるのである。といっても、これは決して世に言う霊感霊能ではないのであって、霊感霊能を有する人は概ね邪神邪霊に支配されて世を毒していることが多いのである。私にはいわゆる霊感霊能は全くなく、ただ毎日を心洗いに努めているからこそ霊波念波を捕捉し処理できるのであって、これはすべて神のお力が私の心身を通して働くからこそできるのである。人間にはもともと何の力もない。神の教えを素直に守り心洗いに徹する者には必ず神の光と力が心身に浸透して、人間には思いも及ばぬようなことでも顕現されるのである。

地球人は今までのあらゆる観念想念の虜になってそれを正しいものであると妄信しており、病気や不幸の原因が霊波や念波の作用にあるなどと言っても、オリオン系の学問で育成された頭脳と、常に我欲をほしいままにして分裂した心の在り方をもってしては、到底これを理解することはできない。インテリと呼ばれる人ほどこの傾向が甚だしいのであって、病気と言えば医者よ薬よと騒ぐ。人々が信頼し切っている現代医学は心霊を無視した唯物的な学問であり、肉体解剖と動物実験によって研究探究して発達した医学であるから、そのような医学で病気の治る人はモルモット並みの人間であると言われても仕方がないのである。

神霊界の実在を否定し、地球外の天体にも人類が住んでいることをなかなか認めようとしない地球人の現状は、三千年の長い間オリオンの悪魔に支配されて理念がすっかり眠らされ、頭脳が低級であるからである。そして、そのような自己の姿に満足していることは、その祖先が優良な星界人の中の悪人や厄介者で、洗心させるために神がこの地球にお降ろしになった人々であるということを側面から証明しているのである。オリオンの悪魔の支配下に築かれてきた今日の文明文化、すなわちオリオン文化にむしばまれきった人々には、大宇宙のことは全く分かっていない。だからこそ、今日アメリカやソ連が宇宙開発問題に非常な熱意と研究と膨大な費用を傾注していることに対して驚嘆し賞讃し敬服して、できれば日本もロケット競争に参加したいとさえ洩らすことになるのである。そのような人々に神霊界の話をすれば、それは宗教家の分野のことであると片付けてしまい、全く耳を籍そうともしない。殊に最高学府の学生やその出身者などは頭から否定してしまうのである。

　前に述べたように、われわれの祖先はもともと優良なる星界人として不適格であるためにこの地球という宇宙の牢獄に追放された悪人や厄介者であるから、その子孫としてこの地球上に生を享けているわれわれが、我欲に満ち満ち自他一体の愛の念を欠いているのも、さればこそと思われるのである。さる教団においては、人間はすべて神の子であるから円満完全であると説いているが、もしこの教えのとおり地球人が立派であるならば、地球のような住み難いところに生を享けさせられたはずがないのである。そのような地球に生まれさせられねばならなかったほど自分の心は穢れないのだという自覚が出来たとき、初めて地球人は真の幸福に恵まれるのである。ところが、己の心が汚れた心であるとの自覚を欠き、誰よりも立派な人間であると自負し、自惚れ、自尊心、自信に満ち満ちているのがほとんどすべての地球人の姿であると言ってよい。私が斯く言えばそんなことはないと抗弁する人が多いが、それでは宇宙創造神の教えの「強く、正しく、明るく、我を折り、よろしからぬ欲を捨て、みんな仲良く相和して感謝の生活をせよ」とのお言葉に遵《したが》う素直な心になれますかと問えば、なかなかなれませんと言い、「憎しみ、嫉み、そねみ、羨み、呪い、怒り、不平不満、疑い迷い、心配ごころ、咎めの心、いらいらする心、せかせかする心は悪魔とつながる心であるから起こしてはならぬ」と神は仰せになっていますよと言えば、それは人間ですもの、このような心を起こさないように生きることはとても難しい、とてもできないことですと答えるのが普通一般の地球人の常である。このように、神の教えは守れもしないのに、自分は神の子である、円満完全であると言葉の力でとんでもない自負心を起こし、自己満足してますます我欲をほしいままにし、口先では真理らしいことを唱えながら心の面では全く神とのつながりを絶っている姿を見せられるとき、何と恐ろしい宗教であろうかと思わずにはおられないのである。

実に立派な教えである、病気を癒していただいた、不幸から救われた、といっても、それが真に宇宙創造神のお力であるとは言えない。オリオンや土星の悪魔も一見同じような現象を見せるからである。神は心を洗い清める者に恵みを垂れたまうが、悪魔は人間を虜にするためにあらかじめひそかに病気や不幸を見舞わせておき、しおどきを見ていわゆる奇蹟を演出してみせるのである。宇宙創造神は宇宙の法則をお示しになっておられるが、悪人や厄介者の子孫である自分の姿を自覚し得て初めて宇宙の法則は理解されるものであることを、私は身をもってはっきり知ることができたのである、いたずらに肉体を養うことのみにきゅうきゅうとしている地球人は、立派な家に住みたい、きれいなものを着たい、おいしいものを食べたいという欲に駆られ、人なみ秀れた才能を持っていると自負し、そのような己を買いかぶって自己満足するような低級な心の持ち主で充満しているのであって、まことに哀れな姿であるというよりほかはない。

格子なき牢獄の住人である自分の姿を自覚し得た時、私は何と愚かな生活を続けてきたものかと全くわれながら情けない思いをさせられた。わが国において、法をもって強制されている学校教育の在り方が心の面をないがしろにしているために、人々を誤った生活態度に仕向けてしまい不幸に陥れているものであるにもかかわらず、誰もそれを指摘する者さえいないのは、世の中は結局低級な人々のみの集まりであることを物語るものである。人智を長年にわたって積み上げたもので成っている今までのあらゆる学問にこだわって、この過去の学問を引き継ぎ研究探究したところで行き詰まりを生ずるだけであることは、現今の地球のあらゆる実情を見ても明らかであり非合理的である。しかるに、世の指導層の人々は無知にもこれを推し進めようとしており、このような指導層の人々が消え去らない限り地球人はますます不幸に陥らなくてはならず、地球が高級な地球人のみで満たされるまではまだまだ大変な時間を要するのである。

先日、東京大学の理学部に籍を置く学生と話をした、現今の自然科学の在り方に誤りはないと信じきって、私の説くところに対してほとんど耳を傾けようともせず、先人の学説をうのみにしたもっともらしい理屈を振り回し、ふてぶてしいまで不遜な態度で自己の優秀性を誇示して憚らなかった。このような学生達が、やがて赤門を出て、我こそは東大出身であると自負心に満ち満ち、社会の中堅層や指導層に地位を得て世人の動向を左右する人物になるのかと思うと、肌に粟粒を生ずるほどぞっとさせられるのである。

自分は格別生きたくもないが、死んでみてもしようがないから生きているのだという言葉を括然と口にするのは、この学生に限らず昨今の学生の間に一般的に抱かれている風潮であるが、このようなことから見ても、学校教育の在り方はまさしくオリオン系であることが明らかである。宇宙創造神のおつくりになったあらゆる事物に対して、何故だろうという疑問から出発してこれを研究する地球学の在り方を正しいものと考える頭脳は、東大生の頭脳に対する世人の評価とは反対に、劣悪であると私は断定できるのである。その学生は奨学金の対象とされているほどの青年で、東大生の中でも優秀な学生と目されており、自分の能力を大いに買いかぶっているように見受けられた。オリオンの悪魔の支配下にある学校教育の在り方は、いやがうえにも競争意識をあおり立て、勉学の虫にならざるを得ないように仕向けている。そのため、勢い、神が起こしてはならないと仰せになっている御法度の心を人一倍起こすことになり、その心身の奥深く宿ったオリオンの悪魔はひとしお悪質なものである。その学生と対談しているうちに、私の手は悪霊波を感受してわななな慄えつづけて止まなかった。自分の頭脳は立派であると自負する心に斯くも悪質な悪魔が宿ることが立体科学的に証明されるだけに、日本の将来を思わせられて慄然としたのである。

そこで私は、その学生に言ったのである。

「あなたの頭脳は自他共に優秀であると思われていたでしょうが、私は立体科学的に見て大変悪い頭脳であると思います。あなたが本当に良い頭脳であると仰言るのでしたら、まず、神霊界星界を理解し得る広い視野に立つことができるはずであって、そうすれば、あなた方が今日まで習い覚えたことが、まことにつまらない、何の役にも立たないものであることを、はっきり知ることができるでしょう。その時にこそ初めて、あなたは頭の良い人であると言えるでしょう。こういうことも知らないで、あなたと同じように東大学生として勉学にいそしんでいる人々はすべて頭の悪い人であると私は断定します。異議を唱えるものがあったらいつでも連れていらっしゃい。その理由を正しく説明してあげます」

その学生はしばらくは相変らずふてぶてしい態度を続けていたが、宇宙創造神の御存在、地球人の祖先が地球に降ろされた意義、地球人のこれからの在り方、星の世界の状況などについて私が大音声で話したり、霊界の霊の姿を実地に出して見せたりしている中に、いままですっかり眠らされていた理念が呼び覚まされてきて、自分たちは間違ったことを正しいものと思い込んでいたと、少しずつ悟り始めたのである。

地球人が言う、頭が良いとは一体どのようなことなのであろうか。文教当局が制定した学制に従って教育を受け、そこで習い覚えたものはすべて正しいものと考え、学科試験で成績点数の高い人ほど良い頭脳の持ち主であると自他共に思い込んでいる人達。単に記憶力と思考力に秀れているだけで、実にくだらない物真似上手な人物を社会に送り出すにすぎない教育の現状に対して、いささかの疑念をも抱こうとしないほど判断力に欠いた人達。そうした人ばかりの地球人であるからこそ、頭の良し悪しを見当外れな点で定めるのであって、それであるから地球人は低級だというのである。第二次大戦以来、米ソ両国が核実験や宇宙開発に憂身をやつしており、当事者たちはそれこそ自他共にゆるした優秀な頭脳の持ち主なのであろうけれども、大宇宙の法則を知らず、宇宙における地球の位置も知らないにもかかわらず、平面科学的に研究探究した成果に基づいてこのような実験を強行すれば、如何なる結果を得るか、その計り知れない恐ろしい結果を予知することができないのである。

オリオン系の学問を積んだ人ほど、科学は研究探究を重ねることによって発達するものであると信じきっているから、そのような考えが如何に低級であるかを思い知ることができない。オリオン文化の原動力であった地球学は既に行き詰まりに到達しているというのに、オリオンの悪魔のために盲目になっている地球人は眼前の絶壁に向かって猪突猛進しようとしているのである。完全に悪魔の企図の通りの状態に陥って、今や微塵も反省の色すらないのである。

今日、文明は開けたとよく言われているけれども、地球人はその文明の利器によって文明そのものをまさに破壊せんとしつつあり、加えて、そのことに対する自覚を欠いている。あの東大生の妖しく光る眼ざし、おそろしい容貌を思い浮べるたび、私は破滅に瀕した世界情勢の不気味な鬼気を犇々と感ずるのである。しかし、その学生の心の芯には宇宙創造神につながり得る立派なものがあり、学校教育によって心の奥深く食い込んだ悪魔を一つ一つ取り除いてあげているうちに、顔色は明るくなり、とかく反抗的であったのが落ち着いて私の言う言葉に耳を傾けるようになってきたのである。根は善良なこのような青年を、教育の誤りのために地球を破壊する方向に導きつつある文部省の文教政策は今こそ根底から改めなくてはならない。文部省の役人の頭は悪魔のカビで充満し、理念はすっかりむしばまれている。このような役人どもが地球上から消えてなくならない限り、真の幸福は望み得べくもないことを痛感するのである。社会的には立派な秀れた人物と言われるような人ほど、神霊界や星界のこととなるとなかなか理解できないということは、世評とは逆に、実は頭脳の悪い人であることを自ら物語っている。そんな人物が世の中の主導権を握っているのであるから、間違いだらけの世の中になるのも当然なのである。

　優良なる星界人は自他一体の愛の心で生きているから、邪念妄想など生ずることなく、階級制度のように野蛮的なものは一切ない。それにひきかえ、われわれ地球人はもともと我欲が強く、そのためにオリオンの悪魔の支配下に陥り、すべての面において競争意識を燃やすように仕向けられ、そこから生じた階級制度をはじめいろいろな社会機構を正当であるとしてその低級性に気付くことができないのである。それだから、地球人が求めている幸福は地位や名誉や金銭につながりのないものは一つとしてないのである。不幸だ不運だと嘆きながら、己の心の在り方に原因があることを知らず、宇宙創造神の神意にそむいた生活を続けている人々に、他から同情される値打ちはない。宇宙の牢獄であった地球の位置が優良なる星界人と交流し得る位置に向上した今日、宇宙創造神の御存在すら理解し得ず、勝手気尽な心で生きているような人々は、神の手によって旧の地球のような宇宙の新しい牢獄に追放されることになったのである。今まで生きられたからと言って、従来の我欲に満ち満ちた心のままで引き続いて生きられると考えたら大変な間違いであり、宇宙創造神に生かされている自分であることを正しく認識し、神に対して敬虔と感謝の念を捧げて怠らず、日夜心洗いに努め得る人のみが新時代の地球人としてこの地上に残されるのである。

われわれ地球人の祖先がもともと優良な星界人の中の悪人や厄介者であって、洗心させるために神が一括してこの地球上にお降ろしになったものであることは既に屡々《しばしば》述べたとおりである。優良な星界では、三千年前に地球に降ろされた同胞の行末を心にかけ、一日も早く正しい理念に目覚めるよう地球人に呼びかけて愛念を送っているのであるが、オリオンの悪魔のために魂をむしばまれている地球人は、星界に人類が住んでいることすら信じようとしない。五感の世界以外に一歩も出ることができないのである。

地球人が真理に目覚め得た時こそ真の幸福が訪れるのであるのに、真理に到達し得る美しい心の日夜を送る努力はしたくないが、それだからといって不幸や病気はなおさら厭だし、という気持ちもあって、手っ取り早く社会的な地位や名誉や金銭を得ることを人生の幸福としている地球人の姿は、まことに哀れであると言うよりほかはない。インテリになればなるほどこの傾向は顕著であって、神の存在を真っ向から否定し、総理大臣をはじめ上層部指導層を挙げてオリオン的欲望の権化となって、ややもすれば職権を振り回し、好むと好まざるとにかかわらず、人々をますます不幸に導いているのである。

何分にも三千年の長い間オリオンの悪魔に操られてすっかり理念を眠らされている地球人であるから、私の説くところをしっかり理解し、挙って心を洗い清めるようになるまでには相当に長い時間を要するであろうが、早く目覚めた人々がリレー式に人々を導くようにすれば、それだけ早く地球が浄化され、明るく平和になるのである。地球を愛する人々は今日にも目覚めて宇宙の法則に適った生活の第一歩を踏み出していただきたいものである。

特に東京大学の皆さんに申し上げる。あなた方は日本の中心人物となる人々である。オリオン文化の在り方を正しいものと信じ、東大に入学することを何よりも名誉であると信じた人達であろうが、今までの東大生も皆さんと同じような頭脳と心の持ち主であって、それが社会に出てわが国の中心を司る人物になったからこそ今日の日本の不幸を招いたものであることを肝に銘じていただきたい。宇宙における地球の位置が宇宙の牢獄であった間はともかくとして、地球の中心である今後の日本を背負って国民の指導に当たるべき人物は、まず何よりも洗心の実践者でなくてはならない。本来記憶力と思考力が人なみすぐれている東大生が、真理に目覚めて心洗いに努め、宇宙創造神の光と力を戴いて正しい判断力、理解力、創造力を兼ね備えた人物になるとき、地球に真の幸福が訪れ、明るく平和な世の中になるのである。何故ならば、地球の中心は日本であり、その日本の中心を為す人物の大多数は東京大学から巣立つからである、今日においても日本の上層部の過半数は東大出身者で占められているが、その中の幾多の人々と対談したことのある私は、それらの愚劣な人々に絶望しており、今は新進の皆さんに期待するのみである。東大生たる者すべからくまず宇宙学をひもといてこれまでの迷蒙をかなぐり捨て、大宇宙に羽ばたく心を養い、名実ともに日本の中心人物としてふさわしい新時代の地球人になっていただきたいと、ここに特筆する次第である。

地球人の誤った生き方

地球人は地球外の天体にも人類が住んでいることを知らない。我欲に満ち満ち自分の生活のみを見つめて生きている地球人だから、知ることができないのである。このような生き方は視野が狭く、その精神年令は非常に低いのである。だから、五感のみで発達した今日の学問の在り方をもって良しとし、五感を超え得る人々を特異なものとして扱って生きている。己の視野が狭く低い次元の頭脳であることを知らず、自分ほど立派で偉い人物はいないと買いかぶって生きているような輩が指導層に立って人々を指導しているのであるから、地球人の真の幸福があり得ようはずがないのである。このような低級な心の持ち主が指導層に立っているからこそ、地球人は精神年令が低く、三歳程度の幼稚さであることを、優良なる星の世界から通信してくるのである。

地球人は、この地上に何のために生かされているかという意義を知らずに生きている。社会の機構が学校教育を基礎として発達しているので、これという理念もなく、したがってそのことに対する反省もなく、ただ漫然と地位や名誉や金銭を追い求めてその日その日を送って生きているのである。

　地上に生かされている意義を知らない地球人には、死後の世界は分からない。霊界について関心をいだくこともなく、平面科学をもって万能と考え、いたずらに我欲のみに駆られた人々でこの地上は充満している。このような視野の狭さが地球人を不幸に陥らしめているのであるが、従来の学問に凝り固まった低級な頭脳の持ち主に、いくら霊界について説き教えても分からない。このような人ほど我欲が強く心が汚れているからである。

　このような無知蒙昧な人々にも、神は愛をもって、空気や水や其他の大自然を公平に与え給い生かしておいでになるにもかかわらず、その神に対し敬虔の念、感謝の念を持つことができない。かように誤った心の人々は、神の光と力を失っているため、悪魔の存在を知ることができない。悪魔の存在を知らない地球人は、病気や不幸で絶えず苦しまねばならないのであるが、無知なるが故に、せっかくその存在を教えられてもなかなか信ずることができない。オリオン文化に馴らされた心をもって生きているのである。博士や学者の肩書を持ち立派であると自負している人ほど、最も悪い悪魔が入り込んで悪さをしているのであるが、このようなことについては全く無知な生き方をしているのが今日の地球人である。

現在、学問を受けている人々は自己が中心であり、自己の繁栄のみをこいねがい求めている。両親や老人たちに対して馬鹿者扱いをしたり、時代遅れだとしてはかない優越感をいだいて喜んでいるありさまは、実に低級という外はない。己が低級であることなど知る由もない良心の麻痺している人々で今日の地球は充満しているのである。このような教育を受けた人々に神霊界や星の世界について問いを発してみたとて、はっきりそれに答え得る人はまずないといって過言ではない。

在来の学問はオリオン星座の支配下にある学問である。自己が中心であり、自分さえ立派な成績を挙げればいいといった人々の集まりである。頭脳が秀れていると自他ともに認めるほどの人には、特に、自分の考えを正しいとして遮二無二おし通そうとする悪い癖があるのである。なかんずく日本はこの邪神邪霊型の学問態度の人々が大多数であり、指導者も邪霊学を奨励しているのが現状である。教師が子弟に真の幸福を与えることができないのは、師弟ともに宇宙創造神の御存在を知ることができない、悪魔とつながるような濁った心の持ち主であるためである。教師の心得違いのために、神の子であるべき子弟を悪魔の子に仕立てているのが教育界の現状であるにもかかわらず、これを立派だと自負しているのであるから、地球に真の幸福が齎《もたら》されようはずがないのである。

このように低級な地球人の姿を見て、優良なる星の世界から「心を洗い清め、宇宙の法則に従う素直な心におかえりください」と通信してくるのであるが、我欲に満ち満ちた地球人にこのようなことを伝えても、さっぱり分からないのである。濁り汚れた心を持っているために、絶えず不幸や病気が付きまとって不運不遇に歎く状態に陥っている。病気や不運に歎く人々にその心の誤りを説いて、正しく宇宙創造神につながり得る心に変わるよう努力をしてみても、良心の眠っている欲深な地球人は、どうしても自分の心を直そうとしない。不幸は外部から来るものであるかのように考え、己の心の非を悟ろうとしないのである。

オリオン文化は記憶力と思考力の養成に重きを置いているため、地球上は創造力、判断力、理解力に乏しい人々で満ち満ちている。

一例として、社会的にもかなり上層に在る某科学者と対談したときの問答を記しておく。

科学者「月ロケットを打ち上げることが何故悪いのですか？」

取次の器械（田原澄）「もし月から地球ロケットを飛ばしたと仮定して、地球上、例えば東京にこれが命中したら、東京は破壊されるでしょ。このような危険な行為が地球外の天体から地球に加えられたら、どのようなことになるでしょう」

科学者「そうですねえ、そんなことは考えたこともありません」

科学者は、自己を中心にした思想を基礎とした研究を続けている。特に医学者は、ややもすれば人命を軽んじ、金のない人々を施療患者として病院に収容して、今日まで未だ医学的に解明されていない病気の研究を行っている。宇宙創造神と波長を合わせてみるとき、このような研究というものがどんなに野蛮的であるかということも、はっきり分かるのである。また、今日の教育制度の誤りもはっきり分かるのである。頭脳を酷使して、記憶力と思考力の養成のみに走っているために、判断力、理解力、創造力の欠けた大馬鹿者ばかりつくってしまうのであるけれども、その大馬鹿の人々が上層部にあって、神霊界や星の世界の存在をも分からない、低い次元の頭で人々を指導しているのであるから、地球の幸福があり得ようはずがないのである。その中には高名な教育者も多数あるが、いずれも、今日の教育方針が最も優れていると思い込んでいるのである。霊界よりの通信によると、上層階級にあって現在六十歳前後の人々が最も頑固で、地球を破壊する毒虫であるとのことであった。

地球は西暦一九六〇年二月二十三日、日本皇孫殿下浩宮御誕生以前は、オリオン星座の邪霊の支配下にあったが、御誕生と共に優良なる星の世界と交流できる位置に変わった。今日までのオリオン文化は末期に直面したのであるから、在来の学問の在り方で教育方針を樹てることは許されない時に立ち至ったのである。オリオン文化の学問は心を置き去りにし、分裂させるように仕組まれているので、神霊界や星の世界のことについていくら話してみても絶対に分からないばかりか、逆にそのような話をする人を狂人扱いにしたり野蛮人並みに考えるのである。もっとも、昨今の地球上は狂人じみた教祖様やそれを妄信する人々も多いので、神霊界や星の世界の話も同じように見られるのも已《や》むを得ないかもしれない。しかし、高級な地球人であるならば、私の言っていることが決して迷信でも妄信でもないことがはっきり分かるのである。

昨年、小著『幸福の道』を出版したところ、思いがけなくも、地方の人々からも感激感謝の信書を多数いただいたが、また一方では、上層階級のある我欲の強い人から、その無知さ加減を自ら暴露した信書も届いて、今更ながら今日の指導者の在り方に驚いたものである。その手紙が届き、封を切ると同時に、読まぬうちから私の手はわなわな慄えはじめ、そこらにある物を手当たり次第に投げつけたいような衝動に駆られた。その人が怒りの念でその手紙を書いたことがまざまざとキャッチされたのである。上層階級の人々は、自分は立派である、自分ほど偉い者はないと自負し、世人もまたそのように思い込んでいるので、今日までの思想を覆すような文書に接すると、怒りの念を発するのである。如何なる場合でも、怒るということは宇宙創造神の御教えでは御法度である。怒りの念は悪魔とつながる心である。上層部の人々が、かりそめにも心の調整を失い、悪魔とつながって世人を指導すると、地球の幸福のあり得ようはずがないのである。

知識を豊富にすることが最も正しい学問の方法であると思い込んだ地球人は、まず何よりも知ることが大切であると、手当たり次第に種々の書籍を読んで頭脳にしまい込んだが、取捨選択することがないのでせっかくの立派な頭脳がこちこちに固まってしまい、使いものにならなくなっている。にもかかわらず、自分が誤った勉学をしていることに気付かないのである。ある医学博士など、東大出身で我欲が強く、人に負けることが大嫌いで猛烈に勉学した人であるが、自分の病気を遂に癒すことができなかった。まことに気の毒に思ったものである。今日の学問をすべてと思い込んで融通のきかない心をもった人には、正しい理念がほとんどないのである。宇宙創造神に生かされている敬虔な心など絶対に持ち合わせていないのである。無限の空気を与えられ、これを平気で吸いながら、神に生かされている自分であることを知ることもできず、ただひたすらに知識を豊かにするための枝葉末節に力を入れた学問を正しいと思い込んでいる。そうした人々の不幸を、私は、本当に気の毒に思うのである。

学問を余計にした人ほど宇宙創造神の御存在を知らず、人間すなわち神なるぞと思い上がって生きている。地球人は我欲が強く、その我欲の中に悪魔が巣食っているのであるが、放射能と同じように悪魔は五感で感知できないので、人間はこれを看過して今日に及んでいる。赤外線の存在が発見されるまでは、人々は赤外線の存在を知らなかった。霊波念波の作用を受けて、今日まで不幸や病気に見舞われていた地球人は、霊波念波を知らずに生きてきた。そして、研究といってはただ肉体の組織のみを見つめ続けてきた西洋医学を信頼し、このような低い次元の学問を尊重してきた地球人が、口では科学万能を唱えながら、今日なお病気や不幸が後を絶たず、むしろそれが殖《ふ》えつつあることの根源を今もって知らないのである。地球人はこの大いなる誤りから一日も早く開眼しなければならない。己の病気を治すことのできない医博の病因も、私にははっきり分かるのであって、西洋医学の低さをつくづく考えさせられるのである。

人間には、もともと病気や不幸は一切ないのであるが、宇宙創造神の御存在を知らず、宇宙の法則を守らずに生きているために、病気や不幸を歎くことになるのである。病人はまず何よりも自分のことばかり考えて生きているはずである。「憎しみ、嫉み、そねみ、羨み、呪い、怒り、不平不満、疑い、迷い、心配ごころ、咎めの心、いらいらする心、せかせかする心」を起こして生きているはずである。このような心は身体内に炭酸ガスをいっぱい発生させるから、病気になるのが当たり前である。神は「強く、正しく、明るく、我を折り、宜しからぬ欲を捨て、みんな仲良く相和し、感謝の生活をせよ」と仰せになる。人間が素直にこのような心にかえるとき、心の窓が開かれて神の光と力が身体内にグンと入り込むので、自ずと神霊界、星の世界が分かるように仕組まれているのである。心の濁った人に神霊界や星の世界の話をしても、波長の相違のためにそのような人には絶対に分からない。

神霊界や星の世界を知りたいと思う人は、まず神の教えを素直に守り、心の調整を図ることである。心の調整を図ると神と波長が合って、神の光と力が身体内に漲《みなぎ》るので、英智が溢れるように湧き、人智をもってしては考えも及ばない素晴しい生活ができるようになる。今日までの古い思想を捨てて心の調整を図り、高級な地球人にかえるべく努力するとき、地球の文化は輝かしく進歩し、地球上の汚れ、乱れ、闘争、競争は消えてなくなり、地球は幸福にかえれるのである。

神の教えを守りさえすれば、幸福に明るく平和に生活できることを説くと、「やはり心配事や不幸があってこその楽しさですよ。その方が刺激があって、人生の楽しみがあるのですよ」などと答える人もある。このような人物には最も強烈な悪魔が身体内に入り込んでおり、地球上に毒素を発散している。いわば頗《すこ》ぶる危険な人物であって、このような人が多いほどに地球は不幸に陥らなくてはならないのである。

われわれはなぜ地球人として生まれてきたのか？　どのように生きることが最も正しい

のか？　死後の世界は如何であるか？　このような人間生活に最も大切な基本の指針を度外視した今日までの学問のために、自己中心の、せこせこした、とんでもない子弟を多数つくってしまった教育界の人々は、何をおいてもまず心を洗い清めなければならぬ。記憶力と思考力のみを伸ばすような教育方針は、人々の人間性を失わせ、いたずらに地位や名誉や財産を獲得することに走り、目先の欲にとらわれて付和雷同する。

　過去の書籍をどれだけ勉学し検討しても間に合わぬ時が来たのである。地球は優良な星の世界と交流しなければならぬ高い位置に変わったのである。義理人情に駆られることなく、主義主張に偏することなく、正しい理念に生きる高級な地球人にかえるべくお互いに努力を傾倒しなくてはならぬ時が来たのである。明治時代、ちょん髷からざんぎり頭に変わった。姿かたちが変わったのである。今日は心の調整を図り、未知の世界を知る高級な地球人にならなくてはならぬ。日本人はもちろん、すべての人類が倶々に高級な地球人になるよう、一人一人が神の教えを守らなければならぬ時に至ったのである。神の教えを守るとき、自慢したり、自惚れたりすることが如何に軽率であり低級な心であるかが、はっきり分かるのである。

　すべての人々が静かに掌を合わせ、生かされている有難さと、宇宙創造神の偉大さがはっきりわかり、宇宙の法則を守らざるを得ない心にかえるのである。地球人の目覚めは宇宙全体の歓びとなるのである。地球人のすべてが心を洗い清めて高級な地球人にかえるとき、優良な星の世界の人々は悠々と地球上に降りて来て、地球人を伴って優良星の世界に案内して下さるのである。われわれ地球人は、いたずらに宇宙旅行を夢見ることなく、まず心を洗い清めることである。地球人は、ややもすれば鬼のような心をもちながら、不相応な野望を抱きがちである。このような間違った欲深い心が、今日まで長い間地球人を不幸にしてきたのである。その不幸の種は一人一人の心の裡にあったことを悟り、神の教えを素直に守り得る心にかえることが最も正しい生き方である。

誤った心の使い方

これまで見てきたように、今日までわれわれ地球人は誤った心の使い方をしていたために不幸であったことがはっきり分かった。

親は、子どもが可愛いあまり、心配ごころを起こして子どものことを考える。このような心は親心として大変良いことであると思い違いをしているが、その心配ごころのために子どもを不幸に陥れていたことがはっきり分かったのである。都会に住むインテリ或いは金持ちの人々は、子どものことになると大変に心配をする。このような心から毒素が発散して子どもに病気やつまずきさわりのもとをつくっているのである。一人息子とか盲愛されている子どもが不幸であるのは、すべて心得違いのために起こっているのである。田舎の子どもは親がかまっておれないためにかえって元気にすくすくと育つのである。空気も澄んでいるからではあるが、念波の作用を受けないからである。また、夫婦仲の良い人は愛し過ぎて心配をするために、心配を余計にされた方が病気や不幸を起こすのである。取次の器械（田原澄）は、このことがはっきり分かってから心配ごころを出さないようになり、初めて家庭内の病気不幸が消えてしまったのである。オリオン文化の心では、心配しないことはいかにも不人情のように思われていたが、それが大いに誤っていたということがはっきり分かったのである。オリオンの悪魔は、地球人の感情の弱さにつけ込んで反対のことを教えていたのである。地球人は藁人形に等しい存在であるから、それを正しいものとして考えてきたために不幸を起こしていたのであるが、このような心の間違いのために病気やつまずきさわりが起こっていることなど、考えることもできなかったのである。

人は自分がお世話になったことを考える時、その人を大変尊敬してその恩を忘れまいとする。特に新興宗教においては報恩感謝を植え付けられる。教えを受けて病気が治ったり開運されたりすると、自分の良くなったことはその教祖のお蔭であると思い込んで、その教祖を盲信する悪い癖がある。何事も、正しい理念のもとに生活をすることが最も正しいことであることを悟らなくてはならぬ。

当会に来る人で、他の会の厄介になった人がある。その人はその会の教祖に命を助けてもらったと思い込んでいるが、その教祖が大変な病気で他界されたために、今では縋る人がないので当会にみえたのである。洗心してだんだんと真理も分かって来られるのであるが、やはり良い現象が現れてくるとすべてそれは取次の器械のお蔭であると思うのである。

このように、人間は外面だけを見て立派な人であると思い込む悪い癖がある。人間が立派であるならば地球上に降ろされることはないのであって、どこかが欠けているからこそ地球人として降ろされたのである。「私は貴方から尊敬されるような人物ではない」といっても、なかなか分からないのである。要するに、真理に生きることが最も正しい生き方であって、古今東西の歴史に残っている大人物はかえって地球の毒虫になっていたことがはっきり分かったのである。人間の間違いはここから始まっていた。人間同士になると、ややもすると義理人情にかたより感情に支配されて真理を失ってしまうのである。

日本では明治・大正・昭和の時代、文学が盛んになったが、文学は感情を過剰にするものであって、それは宇宙創造神と波長を絶やすものであることも判明した。

今日の学問をうのみにした人々は、三次元の低い次元の学問を最も正しい学問であると思い違いしているのであるから、西洋医学のような低い次元の学問が尊重され、博士等になって威張る人が多く出てきた。このような人物が霊界に入ってからの苦しみは大変なものであるが、今までの教育を受けた人々は平面科学の三次元の学問をすべてと思い込んでいるのであるから、神霊界星界等のことについては全く無能である。特に今日のインテリはオリオン文化を大変吸収しているために視野が狭く、霊界のことについては全く無能である。

総理大臣ともなると、最も優れた地位にあると自分も周囲も思う。その側近は、自分は最も優れた人の御つきであると買いかぶった心を持つ。このような間違った心が国政を誤り、国民を不幸にしても自分の地位に満足して生きる低級な輩の多いことを嘆かわしく思うのである。

人間には、ややもすると長い物には巻かれよ式の悪い心がある。高位高官の人々に対しては追随する悪い癖がある。このような悪い癖がこれらの人々を増長させて不幸な社会をつくるものであることをはっきりと知ったのである。

地球人は大昔からこのような癖を継いできたのである。そのための今日の不幸であっても、それをどう改めてよいか全く分からない状態にある。取次の器械は世にも低級な存在の女性であるが、宇宙創造神の御教えを守り心の調整をすることによって初めて器械の役目ができるようになった。死を覚悟しての生活で強い信念を得て、いかなるものをも恐れない境地に達することができた。感情に囚われない人間は正しい理念に生きることができる。どのように偉い人が威張って見ても、真理を把握するものの方が強いのである。多くの人々がこのような心に変わり得たら、もっと明るい平和な世の中になるのである。長い物には巻かれよ式の心は世の中を不幸にする。早く、正しく、真理に生きる心を養うことである。

それには神の教えの「強く、正しく、明るく、我を折り、宜しからぬ欲を捨て、皆仲よく相和し、感謝の生活をせよ」を守り、「憎しみ、ねたみ、そねみ、羨み、呪い、怒り、不平不満、疑い、迷い、心配ごころ、咎めの心、いらいらする心、せかせかする心」を起こさないように日夜心の訓練を行うことである。

今日までの教育は頭の方を発達させ心の方を分裂させる仕組みであって、人より優れた頭脳の人が幅を利かすことができた。このような方法は行き詰まりを生ずる。なぜなら、人間の「念」の作用が取り上げられていないので、邪念のために不幸を起こしているからである。最高学府は出たけれど、霊波念波の作用さえ知ることのできない無知なる頭の人々の指導を受けている社会が幸福になり得ようはずがないのである。このような学問を受けた人々は、自己が中心であるから人のことを老える余地をもたない。自己の繁栄のみに力を入れる。そのために人の恨みを買い、自分や家族が不幸に陥ることになってもまだ無知なる生活を続けているのである。高位高官につく人々が何代も続かないのは念波の作用が多いためであるが、このようなことは今日の学問では分からないのである。

霊波念波の実在を知ることのできないような地球人が宇宙に目を向け始めたことは、全く恐るべきことである。心の使い方の誤りのために地球人はこの地球に生かされた意義を知らない。学校教育で受けた学問を正しいと思い込んだ地球人の大いなる不幸である。

誤った心のために地球人が地球に降ろされているという起源を知らないための不幸を、早く知らなくてはならぬ。

欲を人間から取ったら生活できないといわれるが、欲の心が人間を不幸にしていることをはっきりと知ることである。取次の器械は、八年前、自惚れ、自尊心、自信、希望は最も低劣なる心であるということを神から教えられた時、自らの心を恥じて心を洗おうと努力をした。それには、今日まで学校教育で受けた心の観念を持ち続けることが最も禁物であることを知ったのである。知識として入っている自分の頭の中を空にして、心の調整を図る努力のみに徹したのである。如何なる難題が振りかかって来ても心を動揺させないように努力をしたのである。唯々心の調整を図ることのみに努力をするうち、宇宙創造神とピタリと波長を合わすことができ、われわれ地球人のすべての間違った心の生き方を知ることができたのである。いかなる立派な人も、高位高官の人も、間違って生存していることをはっきりと知ることができたのである。地球外の星の世界と交流できるようになってから、地球人の低級さをはっきりと知ることができたのである。今日偉いと思い上がっている人々の思想は、過去の書物を読んで知り得た単なる知識にすぎない。

私がいかなる学者も知ることのできない世界を知ることができたのは、一切の欲から離れたからである。欲を捨てることを難しく考える人があるが、このような人は永遠に未知の世界を知ることができず、永遠に不幸な人である。過去の学問を余計にした人ほど宇宙創造神と波長を合わすことのできない哀れな人であることを、はっきりと知ることができたのである。このような人は、未だに過去の学問を尊重しそれを押し通そうとする悪い癖があるが、現今は地球の位置が変わった当初であるから、このような間違った観念も見逃しにできるが、だんだん時代の推移と共に旧式な野蛮なことに変わっていくのである。賢い人々は、書物にかじりついて人の書いた古いものを勉強する前に、まず心の調整を図り宇宙創造神と波長を合わせること、広い視野のもとに誤った心を直すように努力をすることが最も大切な生き方である。

間違った信仰

地球上では古今東西、種々の信仰が盛んである。それは、地球人には良心があり、何かを求めたい心があるからである。地球人はオリオン星座の邪悪なる支配下に陥っているが、それは、見えない霊波の存在を知らずに今日に及んだからである。この肉眼に見えない霊波は地球人の中に入り込んでいろいろ悪さをしては喜んでいるのであって、そうした霊波に翻弄されてきたのである。

信仰心の篤い人々は、あまりにも世の中が汚れているので、何とか世の中を良くしなくてはならないと力んで山にこもり、水垢離をとり溝に打たれなどして神を求める人々が多いけれども、このような人が邪神とつながり、真理らしきものを説いて、迷える人々を導いているのであるから、地球上が幸福になり得ようはずがないのである。また、自分が神とつながって世界を「あっ」と言わせようと、我欲を強くもって邪神とつながり、霊感霊能をもって運を開かせ病気を癒したりするから、信者は宇宙創造神に救われているかのように盲信し、その教祖を生き神様のように敬う気持ちになる。またその教祖も、そんな風《ふう》に敬われると、自分が本当に生き神様になったような気分になってしまう。その時は既に邪神の支配下に入っているのであって、邪神が宇宙創造神に化けているのであるが、悲しいかな、地球人の肉眼には邪神の姿が見えない。そのため、邪神に苦しみを受けていてもそのことに気付かず、一心にお縋りしたりしている。その姿は、実に気の毒なことである。今日の教育を受けてインテリと言われるような人々も、目に見えぬことに対しては全く無知な生き方をしているのである。

我欲の強い教祖になると、「自分はキリストの再来である。自分の力は偉大である。信者が自分から離れるような気持ちになったが最後、病気をするか死ぬかする。それほど自分は大変な力を有している者である」などと称して信者をおどして苦しめている。私はこのような人をまことに悲しく思う。かかる教祖は邪念が強く、「憎しみ、嫉み、そねみ、羨み、呪い、怒り、不平不満」の心で人々を苦しめているのである。一般の人々には分からないが、私はすべてをキャッチできるので、このような教祖の念波を受けて、血便が出たり、発熱したり、大変な症状に陥るのである。然し、どのような邪念を受けても「愛と誠と感謝の心」を失わないように生きれば神のお力を受けてこの邪念を祓い浄めることができるから、決して死ぬようなことにはならないのである。

人間が病気するのは、神の存在を知らず勝手気ままな心で生きているからであって、神の教えの「強く、正しく、明るく、我を折り、宜しからぬ欲を捨て、みんな仲良く相和し、感謝の生活をせよ」を守り、「憎しみ、嫉み、そねみ、羨み、呪い、怒り、不平不満、疑い、迷い、心配ごころ、咎めの心、いらいらする心、せかせかする心」を起こさないように心の調整を図りさえすれば、宇宙創造神とピタリと波長が合うから、決して病気はしないのである。

優良な星の世界と交流してみると、その世界の人々には病気も不幸もなく、つねに幸福である。優良星の世界の人々は宇宙創造神の御教えを素直に守り、自他一体の愛の心で生きているからである。ところが、地球人はオリオン星座の邪悪なる霊波の支配下に入っているので、神が出してはならぬと仰せになる御法度の心をいつも出しているために、絶えず悪魔とつながり、不幸に見舞われるのである。

信仰をする人々は、ただ掌を合わせ神にお祈りする型の人が非常に多く、熱心な人ほど邪神とつながっているのであるが、己が邪神とつながっているとは知らず、狭い心で自分の幸福のみを追い求める人々が大多数である。

自らの心を洗わずして、ただお願いごとをするだけで運が開けたり病気を癒したりする宗教があるが、これらはすべて邪神の支配下のものであって、一時はなるほど病気が癒ったり運が開けたりするけれども、その後で大変な目に遭うのである。そうなると、信仰心が薄いからとか、感謝が足らないからそのような結果が生ずるのであるなどと言っては、信者を欺むいている。これらはすべて間違った信仰であるが、世の人々は欲が深いから、思案に余ってはこのような宗団を訪ねて安心を求めたがるのである。また、神仏の御利益をいただくために御守を受けて家に持ち帰って拝んでいる人の家は、御守から邪神が飛び出して種々と悪さをしているのであるが、欲の深い人々には邪神の姿は見えないから、その御守で自分たちは守られているのだと思い込んで、涼しい顔をしているのである。

ある立派な人が私を訪ねて来られ、「私の息子は三十六歳になるのですが、どうしても嫁が決まらず困っております。一体どういう訳なのでしょう」とのことなので、その方のお宅に行ってみたところ、古くからの御守がたくさん置いてあり、また仏壇には昔から謂われのある石が飾ってあった。これらのお祓いを済ませ、各室の浄めが終わったその翌日、縁談がまとまってその家は幸福になられたのである。良いことの多くあれかしと願った欲心で受けた御守のために、長年の間苦しんだ訳であるが、大体人間は欲が深いから目先に捉われ、他人が「良く効く」とか「心配事が好転した」とか言うと、それが果して正しいものかどうかを判断する理念がなく、他愛なく同じような気になる悪い癖がある。不幸に陥っている人は、決って真理の分からない人であることを私ははっきり知ったのである。また、たとえ真理は解っていても、実行し難かったり、何かと支障のある人は、邪神や因縁に禍いされている人であるから、これを祓い、宇宙創造神と波長を合わせ得る心になるよう努力することが大切である。

そのようなことも知らず、神社仏閣に参詣することが如何に間違いであるかが、はっきり分かるのである。神社仏閣には邪神邪霊が屯《たむろ》しているのであって、ここに参詣しては種々な邪神邪霊を身体内に入れて病気や不幸を招いているのであるが、そんなことに全く無知な地球人は「参詣してきたのに何故不幸が起こるのだろう」と歎くのである。

間違った信仰のために不幸に陥った一例を挙げよう。ある婦人の家庭は某教の熱心な信徒であった。病気を癒してもらったり運を開かせてもらえるのでその人も御利益をありがたがり、教義も立派であるというので篤く信仰していた。ある人の紹介でその婦人が私を訪ねて来られたのであるが、某教に凝り固まった心は私の話を聞いてもなかなか耳を籍し難く、何か迷っていられる状態であった。その後、その婦人の夫君が癌になり遂には他界されたのであるが、種々と婦人の話から総合して検討してみると、その教団は御饌米というものを信者に頒布している。信者がありがたがって拝受するその御饌米には、御霊気と称して実はひどい邪神が入っているので、それを食べると共に腹中に邪神を入れてしまう訳で、これが因になって癌を形成したことがはっきりわかったのである。癌の対策を三次元の学問で処理することは不可能なのである。眼に見えぬ霊波念波の実在を知らぬ西洋医学では到底わからぬことである。

今日まで間違った信仰が盛んであったために邪霊の力が強く、人間の苦しみが増大したのであって、霊波念波についてしっかりした線が出なかったのは、地球人が欲深で心が汚れていたからである。信心篤い人であったと伝えられている昔の人の霊と交流してみるとよく分かるのであるが、自分が間違った信仰をしている者であることを、霊界に入ってからも気付くことができずに難儀している様を見るとき、非常に気の毒に思うのである。

信仰心の篤い人は大体に於いて欲が深いのである。神に縋り御願いして御利益を求め、神殿を造り、御魂を祀り、神に仕える心が旺盛で毎朝早く起床して神殿を掃除し、自分こそは神に仕えている唯一の立派な存在であると自負している。自己満足する心を多分に持つ、自分ならでは神に仕える者はないというような買いかぶった人である。また、「自分は偉い神でお前達は家来である。ついて来い」などと人々に命令的にきめつけてかかる人もある。これらが最も低劣なる邪神が入っている見本である。

私は日頃よく某教の教祖という人達の訪問を受け、対談の揚句に足蹴にされることがあるが、その態度たるやまことに横柄である。自分がこの世のすべてを支配しているが如き錯覚をもっているのである。このような教祖は、心の間違いのために邪神邪霊に引きずり回されているのであるが、当の本人は目に見えないことに対しては反省する余裕ももたない。人々を指導する教祖が己を操っている邪神に気付かず、引きずり回されていたずらに信者を迷わせている。しかもそのことを知らず人々の指導に当たっているのである。

霊界に入った教祖から受けた霊界通信の一例を挙げよう。以下はその教祖の通信の内容である。

「自分は神の命によって霊界に入った。地上に在った時は宇宙創造神の御命令を受けて世のために尽していた積りであったけれども、霊界に入って自分の間違いを神に指摘された。そして自分なりの我があったことをはっきり知ったのである。宇宙創造神は、〈あれを見よ、正しく神を取り次ぐ者はあの通りでなくてはならぬ〉とこの器械(田原澄)を指さされた。私は地上に在った時、器械の存在を知らないまま霊界に入ったことを残念に思う。自分は間違ったことを信者に教えたので、霊界に入って来る信者は大変である。迷った信者に申訳ない、正しく心洗いするようにと伝えてください」云々。

現在、まだこの世に在って、その教祖の教を正しいと思い込んでいる信者さんに「心洗い」を奨めることはまことに困難なことであった。漸くその機が熟して、その教祖の許で教えを受けていた信者さん達が私を訪ねて来られるようになったけれども、何分にも従来の信仰の在り方が障碍になって正しい真理を掴んでもらうのに並大抵でない時間を要するのである。だんだんと「洗心」が解りはじめてみると、もともと質の良い立派な人達であることがわかったが、それでも、間違った信仰を正しくかえすには大変長い時間がかかることを痛感した次第である。

信仰とは美辞麗句を列べることではない。また、神に縋《すが》り媚びることではない。神の教えである「強く、正しく、明るく、我を折り、宜しからぬ欲を捨て、みんな仲良く相和し、感謝の生活をせよ」を守り、「憎しみ、嫉み、そねみ、羨み、呪い、怒り、不平不満、疑い、迷い、心配ごころ、咎めの心、いらいらする心、せかせかする心」を起こさないように心の調整を図ることが信仰である。大昔から伝わった聖書や経典を読んで、理がわかったら神を知ったと思う早合点も宇宙創造神につながった心とは言えず、いわば画に描いた餅をほんものであると思うに等しく、大いに間違っていることを悟らなくてはならぬ。

今一つ例を挙げよう。ある大きな教団の教祖は、霊界での苦しさのあまり、この器械に通信してきた。

「自分は仏教を正しいものと信じていたから、信者に題目を唱えさせ珠数をまさぐらせ、これが正しい信仰の在り方だと思い込んでいた。このような間違いが人々を大変苦しませる因であることを神に諭され、慚愧《ざんき》に堪えず貴女にお願いに参りました。どうぞ題目を唱えたり珠数をまさぐることを止めて、〈心洗い〉をするよう信者にお伝えくださいと、涙を流して頼まれたのである。然しながら、このようなことをその教団に告げに行こうものなら、とんでもない道場荒らしとして譴責《けんせき》されるばかりで、とても素直に受け入れられるはずがなく、「その様なことは、どうぞ現在の教団の主宰者に夢の中にでもお告げください」と。お断りしたこともあった。

このように、霊界から通信が来ても三千年もの長い間オリオン星座の支配下にあった地球人は、霊波念波の実在については何も分からないので、霊界通信が一般常識として受け入れられる日までは未だ遠いのである。

今日までの地球はオリオン文化で、三次元の在り方で生活ができてきたが、西暦一九六〇年二月二十三日、浩宮御誕生と同時に、霊的に優良な星の世界と交流できる段階に昇ることができたのである。これからは心の調整を図り、神の世界、霊界、星の世界の在り方を知り得る立体科学を学ぶことのできる心にかえらねばならないのである。立体科学がはっきりわかってくると、今日までの宗教、教育の誤りもはっきりとわかり、われわれが今日まで考えていたことがどんなに野蛮な狭い心の生き方であったかということも、同じように分かるようになるのである。

信仰は自由であるという人も、無神論を唱えている人も、宇宙創造神は同じように博い愛をもって生かしておられる。しかし、宇宙創造神の御存在の分からない者には立体科学は分からない。霊波念波の実在を知らず、自分の運命がどうなるかも知らず、ただ目先の社会の情勢に追われて、地位や名誉や金銭を追い求めるのみの、動物以下の心で生きている人々、それが上層階級はじめ地球人のほとんどすべての姿である。

心の調整さえ図れば宇宙創造神の御存在がはっきりわかり、神と波長が合うから神の仕組みの中に入ることができる。間違った信仰や無神論者の考えの間違いも、はっきりわかってくるのである。

間違った信仰を正しいと思い込んでいる人々の霊界での在り方は、大変な苦しみようである。霊界を知らない人々には納得できないことであろうが、しっかり「洗心」をすることによって、誰でもそれが分かるように仕組まれているのである。神界、霊界を知りたい人々は早く「洗心」して、間違いのない生き方をするように努力をすることである。

神殿の前に額《ぬか》づいてお縋《すが》りしたりお願いしたりすることは、最も低級な信仰であることを悟り、自らの心を神と波長を合わすように努力をすることが最も幸福な生き方である。

第三章　「邪神・邪霊」の正体

霊波・念波について

霊波は死んだ人の想い、念波は生きている人の想いであって、肉眼では見ることのできない存在である。この見えない霊波念波が地球人を幸福にしたり不幸にしたりしている。放射能はわれわれの肉眼に映らないが、霊波念波もやはり同じく目には見えないのであって、われわれはこの見えないものによって支配されていることを悟らなくてはならぬ。

地球人は今日までの学問を正しいものであると思い込んでいるために、見えないことに対しては知ろうともしないような心をもっている。それは、地球上の教育が、オリオン星座の邪悪なる霊波の支配下にある学問であるので、霊波念波の存在を知らせないように仕組んできたからである。

地球上の学問の在り方は、主に記憶力と思考力を発達させて、頭脳のみを充実させるように図った。そのために絶えず心は分裂しているのである。心の分裂とは、霊波念波の作用がしっかり分からない状態であって、人々の大部分が霊波念波の分からない心にさせられている姿である。上層階級をはじめ、一般に霊波念波の分からない地球であるから、幸福になり得ようはずがないのである。

地球上の学問を地球学というが、その学問は、「何故だろうか」という疑問の心から出発している。自然科学等もこのような疑問から発達した学問であって、敬虔と感謝の念に欠けているのである。また、宗教も、昔から伝わっている書物を読んで頭に納めたものであって、心にキャッチしたものではないので、宇宙創造神とのつながりがないのである。

地球人は、知りたい、求めたいと思う心が強く、他人よりも優れたものになりたい心で充満している。このような心は、悪魔とはつながっても宇宙創造神とつながることはできないのである。

宇宙創造神とつながった見地から知ることのできる霊波念波でない限り、正しい理念がないので、悪魔とつながり、世の中を乱すもとをつくるのである。「俺が俺が」の心を養わされる地球学を多く学んだ人ほど心が曇り、宇宙創造神のお光とお力を断っているのである。霊波念波を否定する人、あるいははっきり分からない人は、心の汚れ乱れた人であり、地球のためには害になる人である。どんなに地位、名誉、金銭が備わっていても、宇宙創造神や霊波念波の実在がはっきり分からない人は、地球を不幸に陥らしめている大変悪い人物であることをはっきり証明することができる。上層階級になればなるほど霊波念波の実在を知ることができず、地球学的な頭脳で考えるいきかたは人々を迷わし、地球を不幸に陥れるのである。

まず宇宙創造神の御教えを守り、心の調整を図って知ることのできる霊波念波でなくてはならぬ。心の調整を図らずに霊感霊能によって知る霊波念波は、悪魔に支配されたものであるから、大変な不幸を招くのである。

宇宙創造神の御教えの「強く、正しく、明るく、我を折り、宜しからぬ欲を捨て、みんな仲良く相和して感謝の生活をせよ」を守り、「憎しみ、嫉み、そねみ、羨み、呪い、怒り、不平不満、疑い、迷い、心配ごころ、咎めの心、いらいらする心、せかせかする心」を出さないように努力をする心になればはっきりと映ってくるようになるのが正しい霊波念波である。霊感霊能によって知り得た知識をさも正しいものであるが如く三次元の頭で人々に説くことは、最も危険であることを知らなくてはならぬ。

その実例として、昨今、テレビで『世にも奇妙な物語』というのを放送しているが、このような画面からは多くの邪神邪霊が飛び出していることを知らずに日本全国に伝播させることは洵に危険なことである。宇宙創造神とピタリと波長を合わせて霊波念波を知った者には危険はないが、地球学的な頭で霊能霊感を尊重して扱っている人々に興味を持たせるように努力をしているのであるから、寒心の至りである。

ラジオやテレビから飛び出す霊波念波は、全国に流れ出て人心に入り込み、種々な形で悪さをするのであるが、そのようなことすら知ることができずに科学が発達して津々浦々にまでも悪波を流しているのであるから、何と言ってよいか分からない状態である。

文明は人間を幸福にするはずであるにもかかわらず、今日、病気、つまずき、障りが非常に多いのは、その根源の霊波念波の実在を知ることができずに、三次元の頭で科学を発達させたための不幸である。神の教えを守り得る心にかえるとき、今日までの文明がどんなに間違っているかをはっきりと知り得ることができるのである。

現今、地球人は宇宙に眼を向けはじめ、三次元の頭脳でロケットを造り、宇宙探究にこれを利用しようとしている。地球上の学問は地球上の範囲では差し支えなかったが、宇宙には宇宙の法則がある。この法則を知らないで数学的、物理学的な頭脳で宇宙を探究することが如何に間違いであり、地球を滅亡させる基因を作るものであるかを知らなくてはならない。

霊波念波の実在がはっきりわかり、神界、霊界、星の世界のことがはっきりわかってくると、宇宙を探究しようとしている平面科学がどんなに笑止千万なことであり、地球を冒涜する行為であるかということもはっきりと分かるのである。地球学的学問をすべてと思い込む低い次元の頭脳が、このような不幸の原因となることを平気で行っているのである。

霊波念波の実在を知り得る心になるとき、今日の科学は素晴しく開けていく。

現代の法律は、三次元の頭脳をもって制定されている。その法律によって凶悪な犯罪者を極刑に処したりするけれども、そのように処刑された人の霊魂の在りかたについての無知が世の中を暗くしているのであって、為政者の頭脳も狭い視野であるために地球上をますます不幸に陥らしめている。このように、霊波念波の実在を知らない人々は、その霊波や念波の作用に悩まされていることをも気付くことができないのである。

日本でも西洋医学が普及発達しているが、肉体医学のみにとどまっているために、霊波念波の実在を知ることができず、肉体組織の侵されている部分に対してのみの処置は施すが、真の病根が何であるかを知ることができないでいる。人間は、神の教えを守る素直な心でありさえすれば、病気、つまずき、障りは決してないのであるが、心の間違いのために邪霊邪念に侵され、あるいはまた、自分から出す邪念の毒素によって病気などを起こしているのである。

地球学を深く究めた人ほど自分本位であり、自己を中心に生きるがために、自分の利益になることは喜ぶが、不利になることは厭がる。このような心は、毒素を絶えず発散しているので、病気の基をつくるのである。つねに神の教えを守り得る「洗心」をする心であれば、神のお光とお力が与えられるから、神と波長が合い、すべて神の仕組みに入ることができるので、病気、不幸はなく、幸福である。

ただいま現在の己の姿は、過去の自分の心のあらわれである。他人事でなく一人一人が神の教えを守り、神と波長を合わせ得る心になることのみが、はっきり霊波念波の実在を知り得る生きかたである。取次の器械（田原澄）は、長い間、何をしても意図とは逆の結果が現れてずいぶん苦労したものであるが、いま振りかえってみて、己の心の間違いをはっきりと思い知ることができるのである。

われわれは今日までの学問である地球学に盲従していたので、心が真っ暗である。汚れ乱れているそのような心が、神のお光とお力を断っているのであるが、己が悪いということを知ることができず、とかく相手を恨む悪い癖がある。これが地球人の一般の姿である。相手を憎み恨むような心がなくなったとき、はじめて真の幸福が訪れるのである。自分は心が綺麗である、頭が優れていると自負している人ほど悪波に操られ利用される人であり、地球人的に人並すぐれた人ほど悪波と仲良くなり、地球を乱すことになる。また、その人自身も周囲の者も、その人が世のために努力をしている立派な人物であると思い込んでしまっている。これらの姿は、霊波念波の実在を知らず狭い視野の心で生きている地球人の悲劇である。心を洗い清め宇宙創造神と波長を合わせてみて、このような地球上の今日の間違いもはっきりわかってきたのである。

学校教育において霊界を採りあげていないために、学業のみに熱中し、地位、名誉、金銭欲に駆られた心で勉学している人々の中には、劣等感にさいなまれて自殺する人もあるが、この「自殺」が霊界でどうなるかということを予《あらかじ》めはっきりわかっていたら、決して自殺はできない。霊界のことを学校教育の中に採り入れようとしないのは、今日までの学問がオリオン星座の支配下のものであり、階級制度を是認し地球人の欲を増長させるものであって、その学問を学ぶ者にもまたオリオン星座の邪霊が入り込んでいるために、霊界が分からない状態にあるからである。このような公平を欠く学問が地球人を不幸にしているのであるから、わかり得る人たちだけでも、まず心を洗い清め、宇宙創造神と波長を合わせ、高級な地球人になるように努力することが大切である。また、美しい心の持ち主で、宇宙創造神のわかり得る立派な人でも、とかく事を急ぐ心を持つと悪魔悪波と仲良くなり、かえって逆に世の中を不幸に陥れる人物になるのであるが、まして、地上の三次元的学問にとらわれている人には、宇宙創造神の御存在、霊波念波の実在は決して分からないのである。星の世界の人々と交流してみると、地球人の心の汚さ、醜さがはっきり分かる。地球人は、己の心の汚さ醜さに気付くことができず、心の面については全く無知の状態で生きているのであるから、霊波念波の実在がしっかりわかり得る心になるまでには、大変な時日を要することと思われる。

私は、自分の心の汚れ、乱れがはっきりわかり、自らの心の非を悟ろうと努力をするようになって、はじめて宇宙創造神の御存在、霊波念波の実在をはっきり感ずることができるようになった。自らの心のスクリーンが清まらなくてはこれらのことは決して分かるものではないことを知った。毎日毎日自らの心の反省を繰り返した。神の教えは「愛と感謝とまことの心」であったかと省みて、そうではない自分、汚い自分の心を発見することができるようになった。はじめのうちは、自分は正しく生きているという自負心が多く起こった。そして他人と比べてみる心が働いた。そのうちに、何かしら優越感が心をかすめて通った。だんだんに世の中の人々がうじ虫のような存在に見え始めた。この世に生きているることが厭な気持ちになった。それからなお、日一日と心を洗い清めているうちに、神の存在も分からず自分自身のことばかりにかまけて生きている人々を気の毒な存在に感ずるようになった。このようにして心洗いに専念した結果、神界霊界に無知な人々が目覚めてくださるように努力をすることが地球幸福のために最も大切な生きかたであると悟ったのである。

日一日と心が清まっていくほどに、地球上を覆っている諸々の霊波をキャッチできるようになった。国際情勢が風雲急を告げ、明日にも第三次世界大戦が起こりそうになった時、オリオンの邪霊を祓うと、その緊迫した情勢が平穏化した。国際的な種々な事件が起こるたびに悪霊波を祓うと、重大な発展を見せないで終息した。このようなことを三次元の頭脳の人に言っても遽《にわ》かに分からないことであるから、いずれすべての人々が理解し得るようになった暁に詳しく発表することにするが、見えない邪霊を祓うことによって、病気、つまずき、障りが消えて幸福に変わっていく。然しながら、心の調整を計らない時は、汚物にたかる金蝿を追うのと同じように、一度祓えたように見えても、また、他のものが替って来て不幸を起こすこともはっきりわかってきた。であるから、心の調整を図ることが最も合理的なのであるが、地球人は欲が深いから、なかなか心の調整を図ることができない状態にある。地球人的に優れた才能をもった人が目覚めて洗心をするようになると、高級な地球人が立ちどころにできるのであるが、地位、名誉のある人々は肩書を鼻にかけ我欲が強いから、邪神邪霊が「心」から抜け出ることができず、昏迷なる世の中をつくってしまっているのである。

上層階級の人々が、自分たちの間違った心の在り方を知って、俺は偉いと思う心を捨てて社会に奉仕する心に転換するとき、この地球は明るく平和にかえれる。オリオン星座の支配下にある指導者は、威張って人々を指導しているので、宇宙創造神と波長を断っている姿であるから不幸である。宇宙創造神と波長を合わせてみると、指導者であればあるほど下座にあって人々を指導しなくてはならないことをはっきり知り得る。今日の地球はその逆である。そのために世の中が不幸であるが、その不幸の根源がそこにあるということも分からないのである。上層階級の人々が霊波念波の実在を知って、立体科学がはっきりわかってくると、今日までの視野の狭さや無知な生き方がすっかり分かってくる。だから、いたずらに食わずぎらいをせずに心を洗い清め、宇宙創造神の存在を知り、神界霊界、星の世界を知って、従来の平面科学の間違いを是正するように努力することが肝要である。そうしてこそはじめて真の幸福が訪れるのである。科学者は、今日までの己の学識を振り回すことを止めて、自分が神に生かされていることを自覚して敬虔な心にかえり、正しい理念のもとに世のために貢献すべきである。教育者は、平面科学が狭い視野であるために今日の不幸があることを悟り、心を洗い清め、霊波念波の実在の分かる立体科学を学ぶ心に変わることである。無暗に頭に詰め込む勉学は過去のものである。二十世紀は、心の調整を図り、宇宙創造神と波長を合わせ、神の英智をもらい、優良な星の世界の人々と交流できる学問に携わるように、教育者自身がまず洗心することである。過去の書物にとらわれることなく、神と波長を合わせ得る優秀な教育者が多数この世に出るよう待望する。

霊界と交流してはっきりわかったことは、西暦一九六〇年二月二十三日、浩宮御誕生と共に、霊界は優良なる星の世界と交流できる位置に変わったことである。霊界の優良なる霊は、金星、火星、木星、土星等に行って、種々な星界のことを学び、地球の霊界にこれを紹介して地球向上のために努力をしておられる。星の世界の立派な話を聞いた霊は、この器械を通して霊界の在り方を説明しているのであるが、その一例として、本年は乃木大将がその任に当たられ、器械を通じて放送された。その内容は、「われわれ祖先霊は我欲が強く、宇宙創造神に反した心で地上で生きていた。そのような心が子孫を苦しめているのであって、われわれの間違った我欲の心が、子孫をも我欲で苦しめているのである。まことに悪かった。申し訳がなかった」とお詫びを言われ、「地上の人々が宇宙創造神の御教えをしっかり守って生きるように努力をたのむ」とのことであった。

ほとんどの地球人が霊界とつながることができないので、霊界の在り方については全く無知な生き方をしている。善霊はこのようにわれわれ地球人に洗心を奨めるが、悪霊は地球人を苦しめ、病気、つまずき、障りの基をつくっているのである。宇宙創造神の御教えをしっかり守り得る心にかえりさえすれば、悪霊は絶対に寄りつけないから、幸福な生活を続けることができるのである。

祖先霊の悪波は、たいてい地上の子孫についてその性格をつくりあげている。このようなことは、平面科学では分からないことであるが、心の調整を図り心を洗い清めると、自らそれを理解することができる。祖先霊の悪波を祓い除けることを「因縁絶ち」というが、この因縁絶ちをしてはじめて祖先霊の在り方がわかり、この因縁というものが如何に子孫に影響を及ぼしているかということもわかるのである。

子孫の繁栄している家系の因縁をみると、祖先が宇宙創造神のお使いとして霊界で活躍しているものが多い。祖先の美しい霊は地球の霊界を代表して星の世界に派遣され、金星、火星、木星、土星等の種々なことを見学して地球の霊界に帰り、星の世界のことを紹介し、地球の幸福、向上を計っているのである。このようなことは、この器械を通じて霊界を代表する霊が出て通信されるのである。

西暦一九六〇年二月二十三日、浩宮御誕生と共に、地球が優良なる星の世界と霊的交流ができるようになった旨の天界通信を受けたが、その通信の美しい声は、取次の器械しか聞くことのできないものであるが、器械の口に伝わってくるものであるから、その時にテープレコーダーに録音されてある。我欲がだんだんと薄れて良心がはっきりと現れるようになったら、右に述べたテープも真実として聞けるようになる。ただ、一般にはなお相当の時日を要することと思われる。

飛行機というものが出現するまでは、世人は空を飛ぶことを信ずることができなかったが、今日飛行機を知らない人はいないまでに普及した。霊波念波の実在についても、それと同じように、我欲の心が薄らいでくれば自ずと分かるようになってくるのである。


夏ともなれば、よく幽霊話が人々の口にのぼって興味をそそるが、特にインテリと言われる人々が語り合う怪談など、まことに幼稚なものだ。宇宙創造神とつながって知った霊界は、広大無辺なものである。霊波念波の実在を知るには何よりもまず洗心をして、心のスクリーンを清めなければならない。一にも二にも「洗心」あるのみであることをしっかり知らなくてはならない。

洗心をすると心の調整が図られるので、非常に落ち着いた心にかえることができる。心の調整ができると宇宙創造神とピタリと波長が合うようになるから、常に心配ごとがないのである。私はただ自らの心の非を悟ろうとして今日に及んだものであるが、七カ年間の自分の心を顧みて、なお実に汚い心であったことに気付くのである。

今日までの学問を学ぶ心は、たえず分裂を起こしているので心は汚れがちである。地球人は特に欲が深く、自己が中心であるために、汚れた心を出して生きているのである。汚れ乱れた心では霊波念波の実在は到底分からないのである。昨今、一部の学者で探究されている霊波念波の世界は、宇宙創造神とのつながりによるのではない故に正しいものではなく、甚だ危険を伴うことになる。地球は三千年の長い間オリオン星座の邪悪なる霊波の支配下にあり、その勢力下で生活していたので、宇宙創造神のお光とお力を断たれたままの姿であったが、地球人は今日まで自分たちの知っていることが最高のものであると思い込んで生きているのである。無知な自分であることも知らず、霊波念波の実在をも知らず、しかも知らないことを正しい生き方と思うのは、地球がオリオン星座の邪悪なる霊波の支配下にあったためである。

優良なる星の支配下に入った現在では、まず霊波念波の実在を知り、神界、霊界、星の世界の在り方を知らなくてはならぬ、それには心の調整を図り洗心をしなくてはならないのである。地球人は汚い心であるために霊界が分からないので、死後の生活を知らず、ただもう欲の虜囚になって生活をしているのであるが、霊界がしっかり分かると、今まで欲の虜囚になって生きていたことが恥ずかしいことになるのである。

オリオン星座の支配下の地球は、地位、名誉、金銭を目標とするように指導されたが、霊界では心の美しい人のみが幸福に生活できるのである。「生活」というと、この世で生きている人のみを考えるが、霊界でも霊は「生存」している。霊界の生存は永遠であるが、宇宙創造神の教えを守ることができず、我欲に満ち満ちた霊は「抹殺」されるのである。抹殺とは、生存できる霊が永遠に生存を止められることであり、最も苦しいことである。地上に大きな禍を及ぼした霊は抹殺されるのである。間違った宗教を広めた教祖の霊は概ね抹殺されるのである。今日地上にあって間違った宗教を広めている教祖達は、心して宇宙創造神と波長を合わせるように努力をすればよいのであるが、そうでない場合は宇宙創造神に逆らうことになるので、抹殺を免れないのである。

地上で立派な人物として慕われていた霊が、霊界に於いてはそのほとんどが思いもよらぬ地位にあることを知ったとき、私は何とも名状し難い気持ちになった。地上の人間によって立派であったと思われている人ほど、霊界では苦しんでいる。これは、人間の考えが宇宙創造神の御心に適《かな》っていない証拠である。それは、今日までの地上の文化がオリオン星座の支配下の学問であるために、地位、名誉、金銭を目標とし、我欲に充《み》ちた生活を正しいものであると思い込んでいるからである。また、教育の制度が上下を争わせるように仕組んであるために、自分本位であり、自己が中心になる。このような間違った教育が普及し、宇宙創造神のお光とお力を断った状態であるので、邪霊邪神の虜囚になって、いずれ最期は不幸であるが、不幸になる自分の姿に気付くことができないように、地球人は良心が麻痺しているのである。霊波念波の実在を知ることのできない地球人は、地球の位置さえも知ることができず、唯物的で、己の肉体を養うことにきゅうきゅうとして生活している。生きている間に霊界の存在を知らないために、生きているうちが花だといった式で、肉体を養うことのみに駆られて生活しているのであるから、不幸であるのは当然である。

地上の人間は、死と共に苦しみは消えるものであると思い違いしているが、これは、唯物論を信奉し、心の調整を図ることを知らず、そのために霊界を知ることができないからである。霊界がはっきり分かるようになると、人間の病気は何から起こるものであるかということもはっきりわかってくる。心を洗い清めると、人間には病気は一切ないことがはっきりわかってくるのである。

自己中心の自惚れの心を養成する学問をすべてと思い込んでいる人々は、いたずらに頭に詰め込む勉学のみに専念して心の調整を図っていないので、絶えず心が分裂しているのである。この分裂している心の中に悪魔が入り込んで病根をつくっているのであるが、西洋医学は霊波念波の実在を知ることができないので低い次元の学問に止まったままである。西洋医学に携わる人々が宇宙学を知るようになると、人類にとって大なる福音となるのである。心ある医者は、洗心して立体科学を知り得るよう努力をすべきである。

肉眼で見ることのできない霊波念波の実在をしっかり把握できて、洗心が普及されるようになると、地上も優良なる星の世界と同じように、病気や不幸の一切ない幸福な地球に変わる。過去のオリオン星座の支配下の学問に酔うことなく、二十世紀に生きるわれわれは、洗心して優良なる星の世界の人々と交流できる高級なる地球人に変わるように努力をしなくてはならぬ。

西暦一九六〇年の夏に、オリオン星座の邪霊が八割がたオリオンへ引き揚げたのであって、地球は霊的に清浄化されたのであるから、まず我欲を捨てて宇宙創造神の教えをしっかり守り、霊波念波を知り得る立体科学を学ぶことによって高級な地球人にかえらなくてはならない。

霊医学

人間の肉体の故障を病気と言う。病気とは気の病《やまい》であって、心の故障によって起こる。今日、地球人は、心の故障を知らず肉体のみに捉われ唯物的にすべてを処理しようとしている。ここに地球の今日の不幸がある。

地球の位置は、西暦一九六〇年二月二十三日浩宮御誕生以前はオリオン星座の支配下であったが、御誕生と同時に優良なる星の世界との交流ができる状態に変わった。

その年の七月二十一日、オリオン星座黄色の国の元帥が宇宙創造神に降伏し、地球を三千年の永きに亘り苦しめたことを詫び、今後は宇宙幸福のために努力をすることを誓われ、同年八月十六日に八割の部下を引き連れてオリオン星座に引き揚げられた。その後、地球の霊界では、優良なる霊が優良なる星の世界に派遣されて美しい星の世界の人々に学び、「洗心」に努力をされ、ただ今では霊界や星の世界より人類の「洗心」をうながしておられるのである。

われわれ地球人は、今までのオリオン文化の生活に馴れ、常に心が分裂している。そのため、肉眼で見ることのできない悪霊波悪念波が身体内に入り込み、組織を壊し、病気というものを形成するのである。

病気の根元は霊波念波であるが、オリオン文化はこの霊波念波を無視して今日に及んだのである。病気の根元を知らない医学は、肉体の組織を解剖することに依って病源の研究が続けられているが、三次元の学問で奥の謎を解くことはできないのである。

できないことをできるような錯覚を起こして努力をしているのが西洋医学であるが、これに携わっている人ほど自分がしていることは最も新式なことであると自負して生きているのである。

西洋医学の基礎は、「何故だろう?」という疑問より起こっている。疑いや迷いの心が発達して進む学問であるが、必ず行き詰まりのある行き方である。それは真理でないからである。

西洋医学は病気の根元を衝くことができない。宇宙創造神の御存在を知らないので視野が狭く、最も無知なる人々が多いのであるが、自分が無知であると知ることのできないようにオリオン文化に浸りきっているのである。

西洋医学を尊重している人ほど宇宙創造神のお光とお力を絶っているのであるが、そのことについては全く気付いていないのである。

このような暗中模索の学問であるにもかかわらず、西洋医学がいまだ珍重されているということは、地球人が欲が深くオリオンの支配下に入っているからである。

上層部になるほど強くオリオンの支配下にあるがために、宇宙創造神の御存在について話をしても頭ごなしにこれを否定する。ただ今医学を専攻している人に神霊界のことを話しても分からないのは、学問の基礎が全く違っているからである。

このような学問の在り方では、霊波念波の実在を知ることができないから、永遠に正しいものは分からないのである。

病気の根元を衝くことができないままの西洋医学で治療を受けて霊界に入った霊は、大変苦しんで死んだままの姿で出てくる霊が多い。

西洋医学は肉体のみの治療であって、霊すなわち心の方の治療を施してないので、人間の真の幸福は得られないのである。

西洋医学を盲信している日本は、法律によってこれを取り上げているので、すべての人々が西洋医学を信じ込んで、死んだ場合は「薬石効なく」という言葉で片付けてしまう。人間は霊が分からないので、死んだ先のことは分からないが、心を洗い清め宇宙創造神と波長を合わせるとき、霊界での在り方がはっきり分かるのである。

地球にオリオン星座の邪悪なる霊波が支配を始めて、三千年の歴史を有する。これは地球人に話しても分からないことであるが、心を洗い清め宇宙の法則に適った心にかえるとき、はっきりとキャッチできるものである。

地球人は欲が深く、知りたい見たいという欲を有する。自分の五感に訴えられるものでなくてはこれを認めることのできない、狭い視野で生きている。今日までオリオン文化の仕組んだ道徳観念を振り回して、お互いが助け合う気持ちでなく、咎め合う気持ちで生きている。このような心には目に見えぬ霊波念波は映らないのである。

学校教育は、国語算数理科社会など枝葉末節の学問に力を入れ、頭の方の勉強は一生懸命であるが、心の調整を図る努力をしない。むしろ心の方を分裂させ、上下を争わす競争の学問であり、いきおい社会全体が生存競争でくたくたになっている。心の調整が図られないので、神霊界や星の世界の在り方など夢にも分からない無知なる生き方をしているのが地球上の今日の在り方である。

見えない世界をキャッチできないのは、オリオン文化を尊重している地球人の欲の深さのためである。我欲を捨て心の調整を図り、宇宙創造神と波長を合わせ得る心の状態にかえるとき、地球上の今日のすべての誤りがはっきり分かるようになるのである。

西洋医学はオリオン文化の落とし子であり、そして今日はオリオン文化の末期である。すたれなくてはならぬ時が来たのである。

もし今日までの西洋医学が正しいものであったら、世の中がこんなに病気で苦しむはずがないのである。根元の間違いのためにこのような大きな錯覚を起こしながら、いまだにそれを気付くことのできないように良心の麻痺した人々が多い今日、地球の真の幸福のあり得ようはずがないのである。

病気の根元はすべて霊波念波の作用によっている。このような五感に訴えることのできない、見えないものを感知するようにならない限り、病気の根元は永遠の謎である。

霊医学はこれをキャッチし、合理的に処理する学問であって、オリオン文化のように疑いの念がないのである。

霊医学を学ぶには、まず神に生かされている敬虔の念、感謝の念を持たなくては学ぶことができないのである。ところがオリオン文化に満たされた頭の人ほど敬虔の念、感謝の念を失っているから、霊医学を学ぶことは甚だ困難なことである。

地球人すべてが生かされている敬虔な心と、感謝の念をもって生きさえすれば、病気は一切ないのであって、霊医学を学ぶ必要もなくなるのであるが、地球人が欲を捨てきるまでには大変な時日を要するので、その間は霊医学を知らなくてはならぬ。

人間の肉体は、心の作用によって変わるのである。地球人が宇宙創造神によって生かされていることを知り、神の教えの「強く正しく明るく我を折り宜しからぬ欲を捨て皆仲良く相和し感謝の生活をせよ」と仰せになる御言葉のとおりの心になり、「憎しみ、ねたみ、そねみ、羨み、呪い、怒り、不平不満、疑い、迷い、心配ごころ、咎めの心、いらいらする心、せかせかする心」を起こさないように努力をするとき、心のスクリーンが清まるから宇宙創造神とピタリと波長が合って、神のエネルギーを頂いて病気不幸一切は消えるのであるが、ややもすると御法度の心を出しては生きているのである。

また人間は祖先からつながった肉体と共に、清浄化されない霊を身体内に受け継いで不幸を起こしている人がある。

これを因縁といって、悪運をつくっているのである。因縁から来る病気は慢性病が多いのである。これは因縁絶ちをして心を洗い清め、宇宙創造神と波長を合わせるように心の調整を図るときすべて消えるように出来ているのである。その人の心が神につながるような美しい心であり、因縁で悩んでいた人は、因縁断ちをすることによってその苦しみはすべて解消するのである。

オリオン文化をたくさん吸収している人ほど、邪神邪霊が身体内に入り込み、大変な炭酸ガスのために組織を侵され、種々な病気を起こしているのである。このような人たちは、自己が中心であるから自己に不利なことが起こると「憎しみ、ねたみ、そねみ、羨み、呪い、怒り、不平不満、疑い、迷い、心配ごころ、咎め心、いらいらする心、せかせかする心」を起こして毒素を発散し、また人から受けて生活をしている。愛も、偏愛恋愛は自己中心の念から起こっている心であるから、毒素を発散して人を殺し人を傷つけるようなことがあるのである。

このように人間の心の作用により、人々に病気やつまずき、さわりを起こさせ、また自分も起こしているのであるが、心の調整を失わせる学問をすべてと思い込んでいる人々には全く分からないことである。

親が子ども可愛さのあまり偏愛し、その毒素のために子どもを殺している場合が多いのであるが、自分の偏愛のために相手を殺しているなどオリオン文化の学問では一切分からないことである。

また夫婦が余りにも仲良く、たえずお互いに心配し合って、その念のために相手を病気さしているのであるが、心配の念が病気の根源をつくることすら知らない人々は、自分の偏愛の念で相手を殺すようなことになっていることを知らず、西洋医学に頼って癒らなかった時は、仕方がないと諦めているような始末である。

科学万能を唱えられている今日、病気の根源を絶つことのできないのは、心の作用によって病気を起こしているということを知らず、心の調整を図るように努力しなかったからである。

今日盛んに流行している流感が何から起こっているか？　何故に猛威を振っているか？それすら分からない西洋医学であるが、これは間違った信仰が盛んになったために、邪神邪霊と波長の合った人々の中に入った悪波の力が強く、これが発散されると大変な力になって流行性感冒等になって人類を苦しめるのであるが、悲しい哉《かな》オリオン文化に浸っている人々には皆目分からないのである。

オリオン文化が何故に盛んになったかと言うと、この文化は欲を増長させるように仕組んであり、学問のしっかりできた人々に地位名誉金銭を与えられるように仕組まれているからである。欲の深い人々はそれが欲しさにオリオン文化の学問を努力するのである。

自分たちの考えていること、今していることが正しいか、正しくないのか判断するだけの力を持たない地球人を、悪波は強い力をもって引きずり回し、欲の中に食い込んで、判断力を失わせてしまった。社会の機構がこの通りであるから、自分たちも長い物には巻かれよ式な心の人々が多いので、正しい宇宙創造神と波長を合わせ打ち出すだけの力の人がいなかったのである。光と力を失ってしまった地球は地獄図絵のような哀れな姿であるが、良心の濁っている地球人は自分の哀れな姿を認めることもできないように自分に満足し、自負して生きているのである。

階級制度に支配されている地球人は、ただ自分の地位のことばかりを気にしながら周囲のことに捉われつつ、自分の行いや心のことを気付く余裕も持たないような哀れな生活をしている。このような人ほど、霊界の在り方を知らないので、自分の生活のみに捉われて金を使うのでなく金に使われて生きているのである。

金はこの世で必要なものであるが、欲の深い人々は財産を貯《たくわ》えることに努力をし、それがもとでお互い気まずい念を出し合って人を傷つけているのであるが、そのようなことをも知らないのである。

戦前爵位を持っていたある人の未亡人は、夫の残した財産の分け前のために訴訟を起こされた。その頃から中風にかかり病床に横たわる身になったのである。裁判はなかなか片付かず一カ年あまり続いたが、とうとう裁判半ばでその未亡人は他界してしまった。裁判半ばであるために家族とも折り合いが悪く、葬式も満足にできないままであった。中風になっても、西洋医学ではただ注射や薬のみを与え病気を癒そうとする。病気の療因は心の分裂から起こっているのであるから、心の調整を図るように努力をすれば良いのであるが、西洋医学では分からないこととて分裂のままに霊界に入ってしまうのである。このような霊は分裂のままの心で霊界に入ってから大変苦しむのであるが、それすら西洋医学では分からないことである。

　病気の根元はすべて心の作用から起こっている。私は宇宙創造神とつながり、器械の役目をさせていただいているので、時には人様の気に染まぬことがある。そうするとその悪念を頂き、大変な病気が起こってくるのである。その時、決して相手を恨まず自分の心の非を悟る努力をせよとの神の教えを守り、愛とまことと感謝の心にかえるように努力をする。相手の方の幸福になられることを祈る。このような心になると、さしもの苦しみはすべて消えて、元の身体にかえるのである。「神は愛なり」たえず愛の心を失わぬことは心臓を丈夫にすることであり、人間の最後の臓器である心臓が健全であることは、死なないことである。信仰とは如何なる困難に遭遇しても決して相手を恨まない心にかえることである。

　相手が悪人でも、すべての裁きは神がされるものであり、人間がなすべきものでない。それにもかかわらず人間は絶えず人を咎めて生きている。これは既成的道徳観念がつくるものであり、道徳観念を重んずる人ほど人を咎め、宇宙創造神に反した心を持って生きているのであるが、自分程立派な正しい人間はいないと自負し、また周囲の人々もそう思い込んで生きている。

道徳観念の強い人ほど人を苦しめ世を苦しめ自分を苦しめて生きているのであるが、教育制度はいまだにこの道徳教育を降り回そうとしているのである。

西洋医学を勉強し、医者になる人は、患者によって自分が儲けることを考える。宇宙創造神の御存在さえ知らず、ただ自らの肉体を養うことのみきゅうきゅうと考える行き方であって、患者によって自分たちの生計を立てようと思う心が強く働く。自分の働きを代償に金をもらい生活をしているのが、今日のオリオン文化の在り方であるが、このような心では決して幸福な生き方はできないのである。

人間の心は果て限りのない欲というもので充満しているこの欲は神の光と力を断ってしまって病気の根元をつくっているのであるから、人間はまず欲を捨てる心にかえることである。

欲を捨て切る心になるとき、病気不幸はすっかり消えるのである。欲を捨てることがなかなかできないと嘆いていられる方を見るとき、実に気の毒に思うのである。欲を捨て切る心になるときすべての不幸から解放され、思いがけないものを与えられて幸福に生きられるように仕組まれているのである。欲の深い人ほど宇宙創造神のお光とお力を断ってしまっているから、人間に不必要な病気を頂かなくてはならず、その欲のためにかえって金を出さなくてはならない状態となる。

欲深いまま霊界に入った霊は、霊界での苦しみが大変である。欲の深い人は、自分の心の間違いを悟り、欲を捨てて宇宙創造神と波長を合わせ、高級な地球人にかえらなくてはならない。

七歳になる女の子が病気になった。急に高熱が出てなかなか癒らない。四人の医者に診て頂いてもその病気の原因がはっきり分からない。その祖母は、心配のあまり私のところへ馳けつけられた。拝見すると、庭の片隅にある井戸が不始末になっている。そのために起こっている熱であることがはっきり分かったので、そこを清め、母親の「心洗い」をすすめた。それから患者の熱はすっかり下がってしまった。夕方、勤め先から帰ってきた父親にこれを告げた。科学万能の父親はカンカンになって怒った。「科学万能の世の中にそんな野蛮な考えを信ずるか、馬鹿者」と叱られたその母親は、「心洗い」を怠ってしまった。それからその患者の熱はまたぐんぐんと上がってしまって、一週間目にとうとう他界してしまったのである。これらは西洋医学をすべてであると思う盲信の悲劇である。

このような悲劇で霊界に入った霊が、また霊界で苦しんで子孫を苦しめているのであるが、今日までの学問の中にこのようなことを織り込むことができなかったことは実に残念なことと思うのである。

西洋医学を合理的であると思う間違いが、地球の大きな不幸を起こしているのであるが、オリオン文化を信じ込んでいる医者にこのようなことを言っても決して分からない。

医者が臨終を報らせ、いい加減な気持ちで患者を見送った場合、執念の深い霊は医者にとり付いて悪さをしているが、五感のみの医者はこれを感知することができないのである。

また、病院等の霊安置所にはたくさんの霊がウヨウヨしているのであるが、五感のみの人々にはこのようなことも感知することができないのである。

霊の存在の分からない医者は、研究の材料に患者をつかうが、自分が患者の身になったら決してできないようなむごい研究の方法をとる場合もある。このように、真髄を衝くことのできない医学は、尊い人命を犠牲にして研究を続けながら、自分たちは人類福祉のために努力をしていると思い込み、また周囲の人々もそう信じているのであるが、霊界での医者の位置は最も苦しい処である。現在、西洋医学に携わっている人々は、見えない霊界の在り方を知り、合理的に生きる方法を執らない限り、非常に不幸であることを悟らなくてはならないのである。

ある医者は、多くの堕胎を行ってノイローゼを起こして苦しんだ。私がその人を診ると、堕胎された霊が頭にたくさん入り込んで苦しみを与えているのが分かり、それを除霊し、正しく神に近付けるように心がける努力をしたところ、すっかり癒ったのである。西洋医学が霊的存在を認めることのできない悲喜劇である。

神社仏閣に参詣すると大変な邪霊邪神がいる。この邪霊邪神を身体内に入れて帰宅する。その後、熱が出たり腹をこわしたりなどして医者に診てもらうと、病名をつけて薬をくださるが、そのような霊のために起こっている病気であることすら医者は知らないのである。霊は自然に離れる場合と、一時悪さをせずに静かに憑いている場合とがある。心の清らかな神に通ずる人は、入ってもすぐ離れるが、神が出してはならぬと仰せになる御法度の心を出している人は、身体組織の中に悪霊が入り込んで病気を形成するのである。病気をする人は神に反した心から病気になっているのであるが、地球人は病気の根元を知らない。西洋医学を学んだ人々がこのことに気付くようになるとき、地球上から病人は消えるのである。

星の世界と交流すると、その世界は自他一体の愛の心で生きていることがわかる。人が幸福になることを喜びとする心で生きているのである。その心からは毒素が出ないので、病人がいないのである。地球は到る処に病人がいるし、事故が多い。これは神に反して生きているためである。

西洋医学に携わっている人々は、神に反した心を持って病気をしている人々を扱っているのであるが、その医者が宇宙創造神の御存在さえ分からないのであるから、合理的な治療法でないこともはっきり分かられるはずである。

医者はまず自らの心を洗い清め、清らかな安らかな豊かな心にかえり、宇宙創造神と波長を合わせ、高級な地球人になって神の心に反した患者を正しく合理的に導くように努力をすべし。そうしてこそ、医者の務めを完成するといえるのである。

病気は、毒素のために組織が侵されて起こるものである。毒素は霊波の場合と念波の場合とがある。これを受けないためには、心の調整を図ることである。それは神の教えの「強く正しく明るく我を折り宜しからぬ欲を捨て皆仲良く相和し感謝の生活をせよ」を守り、「憎しみ、ねたみ、そねみ、羨み、呪い、怒り、不平不満、疑い、迷い、心配ごころ、咎め心、いらいらする心、せかせかする心」を起こさないように努力をすることである。「無」の心を養うとき、病気は一切消えるのである。

自己中心であり、自分のことばかり考えて生きている人は、自分で病気を形成する。他の人々が幸福になることを願う心にかえることのできる人は、決して病気をしないのである。病気とは贅沢な心に起こるものであることを悟り、「我」の心を捨て、地球人全体の幸福を祈る愛の心にかえると、一切の病気はないのである。

病気から解放されようと、形式的に感謝したり愛念を送っても、神と波長が合わないから、病気から解放されることはできない。要するに、人間が地球の位置を知り、地球に生かされている意義を知り、神界霊界星の世界の在り方を知るとき、すべての不幸は消えて幸福にかえることができるのである。

病人は、神に反するから病気になるのであるから、世の良識ある医者は目覚めて「心を洗い清め」、宇宙創造神とつながり、四次元の霊医学を学び、この地球が向上進歩するようにに努力をされたい。そうしてこそ、真の地球の幸福が訪れるのである。

背後霊の影響

地球に住む人類は五感の世界のみを信じて生きているために、背後霊の存在や働きを知っている者は少ない。中には、神を求めて、或は滝に打たれ、あるいは山にこもり、あるいは水垢離をとり、あるいは祈祷を行じて霊感霊能を得た者もあるが、そのような霊感霊能は邪神邪霊とつながって得られたものであって、宇宙創造神とは決してつながるものではなく、身を誤り世を誤らせるものである。

私は神の教えを守って心の調整を図る努力を重ねた結果、宇宙創造神と波長を合わせ得るようになって初めて霊波念波の実在と作用を知り、すべての地球人がこの霊波念波の影響を受けていながら全くそのことに気付かないで生きているものであることを知った。

地球人は欲深であるために、なかなか神の教えのとおりの生き方をすることができず、絶えず、憎しみ、嫉み、そねみ、羨み、呪い、怒り、不平不満、疑い、迷い、心配ごころ、咎めの心、いらいらする心、せかせかする心を起こして、何事にも自己が中心であり、自己満足、自己完成を目指して生きようとする癖がある。このような心の中に悪霊が容赦なく入り込んで不幸や病気に陥らしめるのであるけれども、そのような見えないものは信ずることができないとして、相変らずわがまま気ままな生活を続けようとしている。

地球において現在行われている教育の基礎は、オリオンの悪魔の支配下で築かれた地球学に置かれてあり、教育の主眼を極端に知育に偏らせているために、記憶力と思考力のみ発達した人物ばかり作り出し、成績点数によって優劣上下の序列を設けて競争心をそそるように仕向けている。このような教育で培われた頭脳では、五感以外の世界には一歩も出ることは不可能であって、オリオンの悪魔は、地球人が五感を超えた世界を知れば自分たちが地球人を欺ましていることが暴露されることを虞《おそ》れ、教育によって人間の頭脳をいびつにしようと企図していることを私は知ったのである。

欲深い地球人はそのような教育で培われた頭脳を完全であると思い込んでいるから、霊波念波のことについては、それは野蛮人や低級な人々の迷信であると一笑に付し、殊《こと》にインテリと呼ばれる人々になればなるほど耳を籍《か》そうとせず、無知であるにもかかわらず知識人であることを誇示しているのである。

首相をはじめとして、およそ高位高官と名のつくような人々はほとんどがオリオン系の人物であって、宇宙創造神の御存在を知らず御意図を知らず、宇宙における地球の位置を知らず、地球外の天体にも人類が住んでいることを知らず、宇宙の法則を知らず、死後の世界も知らない。ただいたずらに現界において物質欲を満足させるためにあらゆる努力を集中し、地位や名誉や金銭の獲得が人生の幸福であるかのように思い込んでいるのである。高位高官の座にある人々がこのような低次元な頭脳の持ち主であるから、すっかりオリオンの悪魔の思いのままに操られており、如何に教育の根本の誤りを指摘し、霊波念波のことを説いても、頑として耳を傾けようともしないのである。中には宇宙創造神の御存在を理解し、その教えを首肯する人もあるが、これを真剣に採り上げて行政面その他に具体化すれば自分の現在の椅子を失うかも知れぬという自己中心の危惧から、国民の福祉のために己を抛《なげう》って敢然と乗り出す勇気と力を欠いているのである。

私は地球人が我欲が強いために地球に降ろされたものであることを知り、その欲のためにオリオンの悪魔の支配下に陥って真理に目覚めないように仕向けられていることを知った。地球人はオリオン文化的には秀れた才能をもっているようであるが、優良なる星界人に備わっているような英智はない。世の中が開けたと誰もが思っているが、優良なる星界に比べたら遙かに劣っているのである。地球人が何故に地球に降ろされたか、その意義も知らないままに我欲をますます増長させて今日までオリオン文化を発展させ、その文化の根本において大きな誤りがあることに気付かないでいる。そうしたオリオン的な地球人が長年の間に遺した観念や思想を基にして、それらを総合したり発展させたところで、もともと誤ったものが正しくなるものではないのである。

さる教団の教祖の如きは、キリスト教仏教神道その他あらゆる宗教の教義の粋を集めて教団をつくり上げ、判断力、理解力、創造力に欠けた低級な頭脳の人々の欲を巧みに捉えて思いのままに引きつけ引きずっている。宗教と名のつくすべての背後霊は悪魔であって、表向きには宇宙創造神の真理を口にして人々を教化し、その背後にある悪魔は愚直な人や感激性の強い人々の心の奥深く食い込んで不幸や病気の原因をつくるのであるけれども、地球人は欲深であるから背後霊を看抜くだけの力がなく、背後霊に操られている自分であるとは露知らず、これほど信心しているのに何故不幸から解放されないのだろうと日夜嘆くような生活を続けているのである。

背後霊というものをしっかり分かっていただくために、ここで少しく詳しく書くことにする。

まず、地球人の起源について述べる。地球は、人類が住めるようになるまでは人間以外の動植物の世界であった。その後、いわゆる地球原始人が栄えた時代もあったが、今から約三千年前、宇宙創造神は優良星界人の中の悪人や厄介者を一括して地球にお降ろしになり、地球をその人々の洗心の道場とされた。もともと宇宙創造神の御意図に副《そ》わない心の持ち主であるその人々は、神命にそむいて洗心を怠り、我欲をほしいままにしたために、オリオン星座の悪魔のつけ入るところとなり、遂にはその支配下に陥って思いのままに操られ、以来三千年を経て今日に至ったのである。

宇宙創造神は、ヨーロッパ方面の混乱した世情を鎮めるべく約二千年前にキリストを天秤座からお遣わしになって地球人の幸福をお図りになったのであったが、オリオンの悪魔がキリストの弟子の中に入り込んで画策したため、キリストは遂に磔《はりつけ》刑にされて天界に帰られたのである。その後は第二第三のキリストをお遣わしになることをお控えになり、その代わりに、優良星界人をして空飛ぶ円盤によって地球にお降ろしになり、地球人の幸福のために努力をお重ねになった。

キリスト教は、キリストの教えを後世の人々にも遺すべく、その弟子たちがいろいろ書き集めて聖書なるものを作って宗教としての基幹を樹てたものであるが、弟子たちが熱心に一心に作ったためにオリオンの悪魔の宿るところとなった。聖書の中には宇宙創造神の教えが織り込んであるため人々の絶大な信仰を得て今日の大を為したが、一方ではオリオンの企図通り地球人を不幸に陥らしめてきたのである。このことは、私が心の調整を図り宇宙創造神と波長を合わせ得るようになって初めて確認することができたことである。

ある日、私は日本でも有名なあるカトリック教会を訪れた。それというのは、世の中を明るく平和にするには、まず宗教家に正しく立体科学を理解していただきたいと思ったからである。その教会の神父さんはドイツ人であった。なかなか流暢《りゅうちょう》な日本語を話す神父さんとの対談の要旨は、次のようであった。

「カトリックは世界的に有力な教団であり、世の中の人々はほとんど誰でも知っていると思いますので、貴方のように世人の教化にあたっている人々が、宇宙創造神と波長を合わせて正しく人々を導き世の中を明るく平和にしていただきたいと存じましてお訪ねしたようなわけです」と私が言うと、神父さんの答えは「世の中は明るく平和になれません」とのことであった。話が霊波念波の実在や作用のことに及ぶと、「それ、危険です。二千年の歴史があるキリスト教を学びなさい。夏季講習が四日間ありますから、ぜひいらっしゃい」とのことであった。

私は決して逆らう心がないので、神父さんの仰せに従ってその講習会に出席したのである。神父さんはバイブルを片手に講義に余念がなく、聴講者も静粛に耳を傾けていたが、その神父さんの背後に悪魔がとりついていようとは、当の神父さんはじめ五感の世界しか分からない人々は誰一人として気付かない。私は、その悪魔を看てとって愕然としたのである。教えの内容は神の道を説いた立派な言葉で満ちていながら、それを語っている神父さんの背後にあって悪魔が思いのままに神父さんを操っている姿を、私の他は誰一人として知る者もないとは、何と恐ろしいことであろうか。

講義が終わって弥撒堂に入った私は、人々に倣《なら》って胸に十字を切ってひざまずいたのであるが、別に何の感激もないというのに大粒の涙がポタポタと頬を伝って流れ落ちた。その理由が分からないままに帰宅して額づいた時、キリストが天界から言葉をおかけになり、次のようにお話しになったのである。

「キリスト教は形式に流れてしまって、自分の意思に反し、神に対して申し訳のないものに変貌している。あなたは宇宙創造神の取次の器械として此の世に出生させられた者であるから、宇宙創造神の御教えを世の人々に正しく伝えるように……」

キリスト教を信奉している人々が非常に自惚れ、自尊心、自信の強いのも、背後霊の仕業によるものであることを、その時はっきり知り得たのである。キリスト教徒がその教義のとおりの日常生活を実践しているのであったら、私などのようにクリスチャンでない者に対する態度に波長の違いを感じさせないはずであって、キリスト教を信じない人々は救われないといったような言葉をクリスチャンが口にするということは、その背後霊が悪魔であることを物語っているのである。

また、キリスト教にも数多の宗派が在るということは、キリスト教が真に宇宙創造神とつながっているものでないことを自ら示しているのである。宇宙創造神の教えは単純簡明であって、要するに心を洗い清めよということであるから、派閥など生じようがない。にもかかわらず、各種の宗教に宗派が多いのは、教義の立派さの背後にあって悪魔がそれを操っていることにほかならないのである。

神のお目から見れば、すべて人間は平等で何の差別もありようがないのであるが、地球人はその我欲のために悪魔から操られるところとなり、平等であるはずの彼我の間に階級意識が生じて、そのような社会機構を正しい在り方として考えている。そのため、人間性の向上を目的としているはずの宗教団体にすら階級制度が設けられているのである。そして、ややもすれば排他的で、特にクリスチャンは、その教えとは反対に博愛の心に乏しく、キリスト教を信じない者は世にも救い難い人間であるかのようにあしらう向きが多い。宇宙創造神はキリストにこのようなことをお説きになったはずがなく、キリストもまた、このようにお説きになったはずもないのである。後世において教えがこのように歪められたのは、キリストの弟子たちがその教えを世に伝えるべくバイブルを書き上げた時から、背後に宿った悪魔の支配によって教えと行いが一致することがないように仕向けられてしまったからである。

アメリカはキリスト教国である。ほとんどのアメリカ人がキリスト教に帰依しており、日曜日には必ず教会に集まって礼拝するのが常であるというのに、その教えに反する大戦争を起こしたり、核実験を強行したり、宇宙に向けてロケットを打ち上げたりして憚《はば》かるところがない。それは何故であろうか。いわゆるキリスト教ではなく、真にキリストの教えに遵うには何よりもまず宇宙創造神の御心にかなう心の在り方でなくてはならず、それには自惚れ、自尊心、自信は御法度である。ところが、アメリカはこのような心に満ち満ちてソ連と対抗すべく他国の迷惑非難にもかかわらず核実験を競い、未だに停止する様子もない。これがキリスト教を信奉する人々の現実の行いであり、このように言行が相反するのは、キリスト教の背後霊が悪魔であることをはっきり示しているのである。

キリスト教国たるアメリカがこのありさまであるから、世界の隅々まで布教されているキリスト教が人々に及ぼしている影響はまことに恐ろしいものがあるというべきで、あらゆるキリスト教会も信者も、その背後霊は悪魔である。お望みとあれば、いつでも立体科学的にその悪魔の姿を捕捉してお目にかけることができる。

地球人は三千年の長い間、立体科学に達し得ないで今日に及んでいる。それは、地球人が我欲に駆られて、見たい、聞きたい、知りたい、求めたいという心で生きてきたためである。私は神の教えの通りに心の調整に努めた結果、地球人の今日までの観念はオリオンの悪魔が教えたものであって、まごころに達することはできず、必ず行き詰まりを生ずるものであることを知った。また、宗教が如何に宇宙創造神の御意図に副わないものであるかをはっきり知り得たのである。

わが国の新憲法で信教の自由が謳われ、宗教法人法が布《し》かれて、その本質は不問に付して、ある一定の条件さえ備えておればそれを宗教団体として国家が公認する仕組みを作った。ということは、わが国の中枢に参与している人々がすべてオリオン文化にむしばまれきっているということである。宗教の背後霊に操られて、公共の福祉を図ったつもりで実は逆に社会の悪化に拍車をかけており、しかもそのことに全く気付き得ないような人物を指導層に仰いでいるのであるから、世の中が良くなり得ようはずがないのである。

こうした背後霊の虜となるような人物を特に養成している学校が、ミッションスクールと呼ばれ、わが国では立派な学校と妄信されているが、誰一人としてその背後霊に関しては知っていないのである。

ある人の娘が小学校の一年生の時にいづみ熱に罹り、四〇度以上の高熱が二週間以上も続いた。横浜市のさる有名病院に入院させて加療に努めたが、遂に瀕死の状態にまで悪化し、インターン生の教材にされた。娘の父親は娘が研究材料として扱われることに忍びず、何とか助けたい一心から私のことを知り、訪ねて来られたのである。早速遠隔思念で見たところ、ものすごい悪霊に取り憑かれていることがわかり、立体科学的にその除霊を行ったところが、容態はみるみる中に好転したのである。担当の医師は、そういうこととは知らず、高貴薬を使ったその効果だと信じ込んでしまった様子であった。それまでは、全快するにしても二年はかかると宣言された重患が、除霊してから日ならずして全快してしまったのである。退院を命ぜられて帰宅したその娘は、うれしさのあまり、母親と連れ立って近所を挨拶して歩き回り、夕刻帰宅して夕食を済まし、就寝した。ところが、脚が痛み出して一睡もできず、夜半に二回も医師の来診を乞うて注射してもらったがさっぱり効目がないので、たまりかねた父親が横浜から早朝馳けつけて来られたのである。同道されてその宅に行き、その娘を立体科学的に見たところ、このまま放っておけば小児麻痺になるような悪霊が憑いて生じている疼痛であることを発見したので、直ちに除霊してあげたら、間もなくすっかり快くなって学校にも通えるようになった。

その父親は、若い頃からキリスト教の信者であった。死ぬはずであった娘が短時日の間に健康を取り戻したのであるから、母親ともどもその喜びはひとしおで、それから二、三年というものは暇のある毎に来訪されて洗心にいそしんでおられた。しかし、平穏無事の月日が続くうちに、いつの間にか洗心を怠りがちになって、五、六年の月日が経ち、その娘は小学校を卒業してミッションスクールに入学した。両親とも宇宙創造神の教えをおろそかにして邪霊の巣窟であるミッションスクールに入学させたために、その娘は今度はキリスト教の背後霊によって紫斑病に罹ってしまった。ひどい嘔吐が続き、診療に当たった医師には全く病因がつかめず、生命の保証もしかねるとの言葉を聞いた父親は、久し振りに私の許に飛んで来られた。六年前に死ぬところを助かったことを思い、矢も楯もたまらず再び私に頼りたい気持ちになったのである。私は洗心の大切であることを説き、地球人が神に対する敬虔と感謝の念を失うとき背後霊の悪魔のために毒されるものであることを説いたところ、その父親は自分の心得違いを悟り、改めて洗心に努めることを神に誓ったのである。そこで、早速その娘に憑いている背後霊の除霊を行ったのであるが、私はそのキリスト教の背後にある悪魔を祓い除くために死ぬような苦しみを受けさせられたのである。除霊の直前には血を吐くような容態であった娘が、除霊を終えると間もなくすっかり快方に向かって、水さえ受けつけないような重態から、その夜にはお粥を食べられるまでに変わった。

地球人は背後で働く霊の存在も作用も知らないから、ミッションスクールの背後霊によってこのような病気を引き起こすのであると私が説いても、なかなか信じようとしない。その父親いわく、他の娘もミッションスクールに入学しているのに、何故自分の娘に限ってそんなことになるのでしょうかと不審に思うのである。背後霊に憑かれやすい人とそうでない人とがあり、ミッションスクールに入学したからといってすべての人が悪魔のために病気や不幸になることはないけれども、そのいずれであっても、キリスト教によって培われる心では宇宙創造神と波長を合わせることは困難であるということは、はっきり言うことができるのである。キリスト教の背後にあってこれを支配しているのはオリオンの悪魔であって、教えの内容はキリストがお説きになった真理であるが、それを人々に伝え、人々を教化しているのはキリストの弟子たちに憑いた悪魔なのである。

仏教の背後霊も悪魔であるが、キリスト教とは異なり、主として土星の悪魔である。ありがたそうな教えの背後に潜んで人目にふれない悪魔が人間の心の奥深く食い込み、信心篤い人ほどその悪魔に強く引きずり回されて如何とも救い難い人物と化してしまう。大体、信仰の道に入る人の動機は、病気を癒してもらいたい、不幸不運を解消してもらいたいといった欲望に発しており、これは大いなる誤りであることを悟らなくてはならない。私は今までいろいろな人々とお会いしているが、宗教家や信心深い人ほど欲の深い人であることを身を以って知っている。形式的にどのように神仏をお祀りしたところで、宇宙創造神は現れ給わないのであって、神の教えを素直に守り、心の調整を図る努力を重ねることによって初めて神霊界と通じ得るように神は仕組んでおられるのである。いたずらに神仏を求めて祭壇をしつらえて合掌し、礼拝してみたとて、真の神と波長を合わせることはできないのである。要するに、宇宙創造神の教えの「強く、正しく、明るく、我を折り、よろしからぬ欲を捨て、みんな仲良く相和して感謝の生活をせよ」と仰せになる神意に副い奉る心になるように努め、オリオンの悪魔が教えた「憎しみ、嫉み、そねみ、羨み、呪い、怒り、不平不満、疑い、迷い、心配ごころ、咎めの心、いらいらする心、せかせかする心」を起こさない日常生活を努めることによって初めて神霊界がはっきり分かるように仕組まれているのであって、自惚れ、自尊心、自信、希望に燃え、地位や名誉や金銭に憧れるような心の在り方では絶対に分からないのである。我欲のために神を見失い、背後霊に支配されていながらその背後霊を知らないおめでたい人間が地球人の大半を占めているのである。最高学府を出たという自負心に満ち、自分こそは知識人であると言わんばかりにその才能を誇示しながら、背後霊の存在を知らず、そのような説は迷信であると一笑に付し他方では病気や不幸の真因も分からないような輩が指導的地位に在る間は地球に真の幸福は訪れないのである。

宗教法人法の運用を司る文部省の当局者が宗教の背後霊について全く無知で、オリオン文化にむしばまれきった低次元の頭脳の持ち主であるために、世上に相次いで起こる不幸がそうした背後霊の作用によるものであるとは夢にも分からないのである。先般の三河島駅構内列車事故の如きは、さる教団の背後霊の仕業によって起こったのであるが、そんな馬鹿気たことはないと否定する人には同系の背後霊が憑いていてそのように否定させているのであり、ただ本人がそれを全く知らないだけにすぎないのである。

現今の学校教育の在り方は知能の優劣上下を競わせ、社会における地位や名誉や金銭に憧れを抱かせるように仕向けているのであるが、もともと欲深い地球人であるがために、こうした教育の現状に対して別に訝《いぶか》しいとも思わず、無条件に学び学ばせ、その結果、教育界を支配している悪魔の虜となって背後霊の意向のままの思想や観念の持ち主に変貌してしまい、その人の真の資質は失われてしまうのである。

私の許に、ある日のこと、裁判所に関係のある人が訪ねて来られた。その時、私は、刑死した死刑囚の霊が世人に対して悪い影響を及ぼしていることについて詳しくお話しした。罪を犯して裁判を受け、死刑を執行された人の霊は霊界に入って迷いに迷い、現界にさまよい出て新しい犯罪人を作り出す。死刑の存廃については各国においていろいろ論議されているけれども、霊の問題として云々されたことはいまだかつてないのである。

社会の秩序を乱した廉《かど》によって処刑された霊が新しい犯罪を生むものであることを知らず、今日の刑法の在り方を正しいものと信じている地球人の間違いを指摘した私の話に対して、その人は現行の憲法その他を根拠として論陣を張り、なかなか私の説に耳を傾けようとしない。私はその理由をみてとったので、その人に憑いている背後の悪魔を除霊したところ、その人の態度が一変し、私の言うことをはっきり理解するようになったのである。こうした背後霊は、上層部や指導層になればなるほど強力なものが憑いており、そのために今日の刑法の在り方を是認し、教育や宗教の在り方を是認しているのであって、科学万能が唱えられながら世の不幸や病気が一向に後を絶たないのも当然であると言わなくてはならないのである。

宇宙創造神はわれわれ地球人の祖先たちを優良な星界からこの地上に洗心のためにお降ろしになり、地球という洗心の道場において心洗いに努めて真の幸福を得るようにとお図りになったのであるが、もともと強い我欲に駆られて洗心を怠り、神とは逆に地球人の不幸を企図するオリオンや土星の悪魔のためにつけ込まれて遂にその支配下に陥って三千年、今日に及んだのである。そして、地球人全体の心を腐敗させる目的で、地球人の中心である日本人の心を腐敗麻痺させるのが目的を達する早道であると考えて、その旗頭になる人物を選んでこれを操り、具体的な行動を開始したのである。その人物は、記憶力と思考力においては非常に秀れた頭脳の持ち主であり、世の中をより良くしたいという熱意と欲に燃えた人物であることは周知のとおりであって、土星の悪魔にとっては全くお誂《あつら》えむきであった。土星の悪魔の手中に陥ったとも知らないその人物は、キリスト教仏教神道などあらゆる宗教の教えの真髄を取捨編集して教典を編み出した。今より三十余年前のことである。そして、神を求めてある修法を創始し、その修法中に頭に浮んだ霊感で得た言葉を神示であるとしたのであるが、これは土星霊が宇宙創造神の教えを盗んで、さも神示であるかの如く粧《よそお》っているのである。

その人物が正しく宇宙創造神とつながった立派な人物であるならば、神の取次の器械としての私について聞き及んだ時、決して私を低級霊媒者呼ばわりなどしなかったはずであって、三十余年を順調に歩んできたかのような自己を買いかぶり、今までのオリオン文化には通暁していても、宇宙的なことについての無知をも顧みないで私という存在を看誤ったところに、当人およびその背後霊の命運が尽きることになったのである。栄えるようには見えても、悪は決して永続きするものではなく、その人物も例外ではない。今まで宇宙創造神と波長を合わせ得るような人物が現れなかったために、そうした悪霊の使徒であるとは夢にも知らず、素晴しい大先生で通ってきたのであって、その大先生の背後霊によって日本人は着々と腐敗せしめられつつあったのである。

およそ宗教と名のつくものの背後に在るものはすべて悪魔であって、宇宙創造神の御名を籍《かた》り、真理を盗んで、地球人の欲心を操って巧みに欺し続けているものである。そのことを明らかにした私は、我ながら呆然たらざるを得なかったのである。宗教家ばかりではなく、このままではわが国は滅びる、大変なことになると憂国の情に燃えて東奔西走している人々の背後でこれを支配しているものも悪魔である。そのようなことも知らず、胸中ひそかに自分ほど世の中のために役立っている立派な人物はいないと自らを買いかぶって満足している様を見せられると、全く何と言い表してよいか分からないような気持ちに閉ざされるのである。世の中を幸福にしようと意図する心が、結局世の中を不幸にしているのである。

私も、この神の真理を知る由もなかった頃に大変な失敗をした。それは終戦直前のことであった。戦局は日に日に我に利あらず、本土決戦も間近いというのに、航空機の生産が思うようにならず、その大きな原因がアルミニウムの不足によると知らされた私は、胸中に燃え上っていた愛国心の現実的な捌け口を見出したような思いで、日に夜をついでのアルミ貨回収を始めたのである。街角に佇ち、駅頭で呼びかけ、学校を訪れては、「必ずや勝つ聖戦であります。皆様方の懐に眠っているアルミ貨を翼にするために紙幣とご交換ください」と訴えて、文字どおり寝食を忘れて奮闘したのである。軍の言葉を信じきって骨身を惜しまなかった私であったけれども、その甲斐もなく遂に敗戦の日を迎え、張りつめていた気持ちがいっぺんに抜けてしまった。生きる気力を失い、自決を覚悟した。しかしその時、ある人の「貴方が死ねば敗けた祖国が勝ちますか」という言葉が私を呼びさましたのである。犬死にでしかない自決を思いとどまると共に、当時絶対の権威をほしいままにしていたとはいえ、軍の言葉をうのみに信じ切っていた自分の大きな過ちを痛切に思い知ったのである。私は、真理に遵った言動でない限り大きな間違いが生ずるものであることを、その時つくづくと味わったのである。

やたらに自我流の愛国心に駆り立てられて、愛国運動とか平和運動とかに身を投ずる時、必ずその背後に悪魔が憑いてその人を操り、とんでもない方向に導いてしまうのであるが、地球人はそうした一心型・熱心型・真剣型の人を実に立派な人であると尊敬するけれども、その背後霊の存在や作用については全く知っていないのである。

いわゆる善良な人ほど世の中を乱していたということは、私が神の取次の器械として日夜心の調整に努め、背後霊の存在と作用を捕捉できるようになって初めて知り得た事柄である。聖書や経典を読んで、この教えこそ真理であると思った瞬間から、その人は背後の悪魔の虜になって不知不識の裏に再び脱け出すことの難しい迷いの泥沼にはまり込んでしまう。宗教に凝り固まった人ほど救い難いものはないと、優良星界人は通信の中で嘆いているのである。

地球上から一切の宗教が消え去るとき、その背後霊も消え去らざるを得なくなり、それだけ地球は明るく平和になる。われわれ地球人は、まず宗教をこの世から追放すべきである。そして、わが国に布かれている宗教法人法を撤廃し、憲法から「信教の自由」の条項を抹消すべきである。

迷いの世の中に陥らしめたオリオン文化と決別し、神霊界星界と交流し得る真の文化をわれわれの手で築き上げねばならない。それは地球人が一人残らず洗心に目覚め、心の調整を図る努力を重ねるようになって初めて実現されるのであり、それのできない人々は神の手で晩かれ早かれ処理される時が既にやってきたのである。

腐った宗教

宗教は古今東西廃れることなく盛んである。それは、地球人が神を求めようとする心より起こるものである。

代表的なキリスト教、仏教、神道、新興宗教等、いずれも取次の器械（田原澄）にかけて精査するとき、すべてその背後にいるものは邪神であることが判明したのである。

地球人は五感のみ発達し、第六感を感ずることができないために、背後にいる霊に気付くことができない。また、霊感霊能のある人は「心洗い」をせず、そのために心の調整が図られないので、ほとんどが邪神邪霊の手先になっている。宇宙創造神とのつながりがなく、正しく打ち出すことができないのである。

今日まで正しく打ち出すことができなかったために、宗教が等閑視されて伸び放題に伸びてしまい、これを取り締まることができなかったのは、為政者も邪神、邪霊の支配下にあったためである。

地球人すべてが邪神邪霊に支配されているがために、腐った宗教がはびこり、ただ今では収拾つかざる状態に陥っている。

優良なる星界、または優良なる霊界と通信して分かったことは、間違った信仰を正しいと思い込んでいる人ほど世を乱し、世の中に害毒を流している。この人達は、自分の今していることは正しいと誤信するために邪神邪霊の手先になって多くの人々を苦しめているのである。心ある人々はこのようなものに引かからないように、宇宙創造神と波長を合わすべく努力をして高級な地球人にかえらなくてはならぬ。

阿片と等しい宗教を正しいと思い込んでいる地球人は気の毒である。

宗教の起こりは、まず世の中が乱れてくると何とか世の中が明るく平和になることを考える篤志家ができる。国を憂うるがあまり、山にこもり、水ごりし、滝に打たれ、熱心に一心に一生懸命に努力をして得た霊感で多くの人々を教化する。こうした場合がほとんどであるが、それらのすべてが宇宙創造神と波長を合わせているものではない。

邪神邪霊の統率する宗教は、団体をつくり多くの信者を集める。これは邪神邪霊が地球人を不幸にするべく努力をしているからであるが、お加護をもらいたさでいっぱいの地球人は、そのようなところに行きたがるのである。一時は、病気が治り、運が開け、苦しみを解消してもらえることでそれを信じ、邪神邪霊を宇宙創造神であると思い込んで拝んでいる。しかし、救われた形にある人々に不幸が訪れると、それは心掛けが悪いからであると簡単に片付けられる。これも、悪魔が宇宙創造神の向こうを張っているために生じることである。

宗教に頭を突込んだ人は、一応真理を弁えているようであるが、悪魔のつくった真理であるために、宇宙創造神とつながるような高い霊の人は、どうもしっくりしないと止めてしまうのであるが、低い霊の人は盲信してしまうのである。

宗教を正しいと思い込む人は、熱心型、一心型、努力型、一生懸命型の人が多く、盲信しているから命がけでその仕事に携わっている。合理的でない方法を正しいと思い込んでいるがために、最後は大変な不幸に陥るのであるが、無知なる地球人はその悲劇を奨励しているのである。つまりは、低級な人々で地球は充満しているのである。

ある立派な地位にある人が、大変な病気に罹り、生命が危ぶまれる状態に陥られた。取次の器械が精査して見ると、大変な邪神が身体内に入っていることが分かった。その人は洗心の大切さを知っておられるから、これを除霊することによって命が助かったのであるが、このようなことに対して地球人の常識は、唯偉大なる神の御力だと片付けてしまい、これを正しく科学的に解明するだけの心になれない。また、医学で治らない病気が治った場合、医者は不思議なことであるとしてその原因を追究するだけの熱心さがない。他のことには熱心になって研究探究を続けるが、肝腎《かんじん》なことになると等閑《なおざり》に付されてしまう。これすべて学問が悪魔の支配下であることを物語るものである。

人間には病気不幸一切ないはずである。が、地球人は病気不幸で悩まなくてはならない。それは、今日までの教育制度を正しいと思い込み、これを信奉するために、宇宙創造神の御光と御力を見失い、悪魔の存在を知ることができず、悪魔に支配されているからである。

病気に悩む人、または不運に嘆く人は、自分のこの苦しみを何とか解決したいと宗教に走るのであるが、この宗教がすべて邪神の支配であることをも気付くことができなかったのである。病気をしたり不幸であることは真理に不明であるから起こる現象であるから、このような人の盲点をついて宗教はだんだんはびこってきたのである。

邪神は上手に欺す。であるから、地球人は気付くことができず、三千年の長い間、われわれの祖先からずっと欺してきた。大したものである。

何故にこのような邪神に欺されるかというと、地球人は欲が深いからであって、無欲の状態に還ったら決して欺されるようなことにならないのである。

宇宙創造神と波長を合わせる心の状態になると、神霊界、星界の在り方がはっきり分かってくるので、人間が欲深で生きることがどんなに不幸なことであるかはっきり分かるのである。地位、名誉、金銭を最上のものに考えて生きていた人が、霊界に入ってからの不幸がしっかり分かったならば、今日のような生き方がどんなに間違った生き方であるかはっきり分かるのである。

取次の器械が宇宙創造神の御存在を知らず、教育によって培われた頭で生活をしていた頃は、科学万能を唱え、自尊心、自信、自惚れ、希望の心で満ち満ちていた。その頃は何かに追われるように不幸な毎日であったが、宇宙創造神の御存在を知り、自らの心の非を悟り、「洗心」に専念する心になる努力をするようになって初めて病気不幸一切の苦しみより解放されて、毎日が楽しくうれしく明るく平和に生きられるようになった。

神に縋ったり、願ったり、御利益をいただくことを信仰と考え、また、お祈りしたり、手を合わせて拝むことを信仰と考えることは最も低劣なる心であることをはっきり知ったのである。地球人がこの世に生かされた意義を知り、心を洗い清めることによって、神霊界、星界の在り方をしっかり知り、交流できる心の状態になり得ることが正しい信仰であることをしっかりと知ることができたのである。

そのようなことは「みこ」がすることであると思い込むことが、国を滅ぼすことになる。すべての地球人が、神霊界、星界と交流できる心の状態になり得てこそ真の地球の幸福が訪れるのである。良い言葉、立派な真理を知りつつも、励み行うことができない生き方は正しい生き方でない。実行してこそ真の幸福が訪れることを知り、自らの心を清め、宇宙創造神と波長を合わせ、神霊界、星界と交流できるような心になるとき、各宗教が生きかえるのである。

心の作用について

地球人は心の作用について、正しい理念を持たない。そのためにたえず不幸が起こるのであるが、心をおろそかにして生きているからである。

それはオリオン文化のために心の作用を知ることを抹殺されているので、その方面のことについては全く無知である。

オリオン文化の学問は、自惚れ、自尊心、自信、を強調し、希望のない人間は駄目であるが如き教え方をしているのである。このような教育方針が地球人を不幸にしているのであるが、そのような心のために不幸に陥っている自分であることもなかなか気付くことができないのである。

宇宙創造神の御教えは、心の調整を図ることのできる教えで、この教えさえ守る時、神と波長が合い、神霊界、星の世界のことがはっきり分かるのであるが、地球学を学んだ心では心の分裂を起こしているので、神霊界、星の世界に付いては全く無知である。間違った心のために神霊界、星の世界が分からなければこれをないと否定する心は大きな不幸のもとであることを悟らなくてはならぬ。

神の御教えの「強く、正しく、明るく、我を折り、宜しからぬ欲を捨て、皆仲よく相和して感謝の生活をせよ」と仰せになるこの教えを素直に守り生きる時、神と波長がピタリと合い、神の仕組みの中に入ることができるので、病気不幸は一切消えるように仕組まれているのである。

ところがオリオン文化の学問、神が起こしてはならぬと仰せになる「憎しみ、ねたみ、そねみ、羨み、呪い、怒り、不平不満、疑い、迷い、心配ごころ、とがめの心、いらいらする心、せかせかする心」を起こして生きているので、絶えず肉眼で見ることのできない悪波と仲良くなり、病気や不幸のもとを起こすのである。

心がすべて神と波長を合わせ得ることができるように高級に出来ているにもかかわらず、心の方をおろそかにして絶えず自己の繁栄になることのみ考えて生きている。これは大いに間違いであるからはっきり自分の心の間違いを知るように努力をすることが最も合理的な生き方である。

卓越した頭を持った人ほど心の分裂を起こし、宇宙創造神のお光とお力を絶って生きているが、このような人々が上層部にあって指導しているのであるから地球上の幸福があり得ようはずがないのである。

●心配ごころ

国を憂える人、病気をしている人などは、心配ごころを起こす。これは、地球人が宇宙創造神の御存在を知らず、人間の生きる意義を識《し》らず、唯肉体を養うことのみをすべてと思い間違って生きているから起こるのである。

長い間病気をしている人に手紙を出す時、癖のように書くのは、「永い間お手紙をいただきませんが御元気ですか。私は心配しています」などという文句である。心配とは神がなさることであって、人間はすべて神にお任せする心になればよいのである。人間が心配することは神の仕事を人間がするようなものであると仰せになっている。

国際的な問題などがスムーズに渉らないのは、心の間違いのために宇宙創造神と波長が合っていないという証拠である。

人間が生かされている意義を知り、神の教えを素直に守り生きれば心配ごころはないはずであるにもかかわらず、なお心配ごころを起こすのは欲が深い証拠である。

子ども可愛さのあまり心配して、その念のために子どもを失っても、自分の心の間違いのため毒素を出してその子を殺してしまっていることなど、夢にも分からないのが地球人である。

心配してくれる人を、さも親切な人のように考えているなど、実に哀れな姿である。

立派な地位にある人の病気が重くなるのは、多くの人々の心配の念のためである。あまりかまって心配してもらうことがどんなに迷惑なことであるか、はっきり知り得たのである。


ある地位にある人が重体に陥った。日本中の霊能霊感者は競って御祈りを始める。自分の真心でその人を助けようと努力をする、この間違ったまごころが病人の中に邪神邪霊を入れてますます不幸に陥らしているのであるが、それすら知らないのが無知なる地球人である。

病気の根源がはっきり分かり、それを合理的に処理しさえすれば病気はすべて消えるのである。

病人が自分の間違った心に気付き、神と波長を合わせ得る心に変わるとき、すべての病気は消えるのである。人に縋るよりまず自らの心の誤りを直すように努力をすることが幸福になる道である。

●とがめの心

地球人はとがめの心を待つ。オリオン文化は道徳観念を植え付け、人間の良心に戒律の心を持たせた。してはならぬ、こうあるべし、と、戒律の心を持っている人ほど人をとがめ自分をとがめて生きている。このような心の中から毒素を発散し、人を傷つけ自分を苦しめているのであるが、とがめの心がこのような不幸に陥るもとをつくるものであることすら知らずに無知に生きている。道徳観念の強い人ほど世の中を毒している、ということを知ったら、びっくりするであろう。世の中のために努力をする愛国主義者等、特に人のすることを咎める心を持つ。せっかく天皇陛下を奉ずるからには、宇宙創造神と波長を合わせて正しく生きられるなら結構であるが、行き過ぎて咎めの心を持てば、心の分裂が起こり狂暴性が生ずるのである。咎めの心の中に邪神邪霊が宿って人間の常識で判断のできない行動として現れるのである。良識ある人々は目覚めて心の調整を図り、美わしい心に変わり高級な地球人にかえられんことを願う。

●希望

学校の教育の中に「希望」という言葉が使ってある。希望とは欲の心である。非常に進歩のある言葉のようであるが、今日生されていることに感謝して生きる心であったら、このような言葉はないのである。今日が不幸であり不満であるから、「希望をもつ」という心を出すのであるが、このようなことをいうとそれは頽廃的であると言われるかもしれない。

ここに一例を引くと、ある大学を出られた立派な方が、世の中を明るく平和にしなくてはならないという大いなる希望を持ってある会を設立された。

その人は希望に燃えて今日習い覚えた学問の知識をもって、田原澄は神がかりである、と軽蔑の心で大いなる希望を持っておられたのであるが、その会は五、六回も続かず終わってしまった。私は、自分には何の力もない、すべては神の御力であると思い、今日与えられたことに対し感謝してひたすら自らの心の非を悟ることに努力をした。同時に発足した会であったが、希望を持たず自らの心の非を悟り心洗いに専念する私は二十五回目の会を終わらしてもらった。人間が希望を持つことがどんなに間違いであるかということもしっかり分かったのである。

立派な者になりたいと希望を持ってオリオン文化の勉強をする人々が、真理を把握することもできず、人間世界では最高であると喜んでいられるような人も霊界に入ると低いところで悩んでいるのであるが、オリオン文化の学問だけをすべてと思っていられる人は、霊界が分からないから全く無知でありながら満足しきって生きているのである。

地球人は目覚めて心を洗い清め、心の法則を知るように努力をしなくてはならない。

●御法度の心

御法度の心は自己中心の心より起こり、「我欲」の強い人程出しやすい心であって、人が幸福になることを厭がり自己が不利になると起こす心である。この心は毒素をたくさん出して人を傷つけ殺し、自らをも傷つけ殺す力を有するものである。

人からこのような念を受けるとき、また、自分で出した時、腎臓炎、肝臓病、胃病等を起こすのであるが、今日の医学はこれを信ずることができない。基礎に於いて狂いを生じているため、違った方向を研究しているのが西洋医学であって、病気はすべて心の作用から起こっているのである。「憎しみ、ねたみ、そねみ、羨み、呪い、怒り」の心が一番毒素が強いのである。

心の作用を知らず、間違った心のために肉体を滅ぼし霊界に入っても、その霊は自分の心の間違いを知ることができないから、死ぬ時の苦しみを何年も続けているのである。ひどいのになると何百年も苦しんでいるものもある。

地球上にいるうちに心の作用を早く知り、自らの非を悟り、心の窓を開き、神の光と力をもらうことのできる高級な地球人にかえる努力をすることである。

星の世界と交流してびっくりすることは、すべてが宇宙創造神の御教えを守り、自他一体の愛の心で生きていることである。そのために病気も不幸もないが、地球は各国がいがみ合って毒素を出し合っては平和を唱え、幸福を追い求めて生きている。これすべてオリオン文化のもたらした副産物であり、この毒素が地球を滅亡させるもとである。

ただ今地球上で偉いと思い上がっている国は、ソ連、アメリカである。この両国がすべての国を従わせようとしているが、偉いとか自惚れの心は神の世界では最も低級な心である。しかし、オリオン文化の浸み込んだ地球人にはなかなか分からないことである。

宇宙開発のためにソ連、アメリカの科学陣が努力するのはオリオン文化のせいであり、そのための地球の不幸であっても、それを知ることができないようにオリオン星座の邪悪なる霊波はわれわれ地球人に入り込んで悪さをしているのである。

地球学をすべてと思い込んでいる人々は、オリオンの邪悪なる霊波が入り込んでいる人であり、このような心の人々が上層部にあり指導に当たっているのであるから、地球の真の幸福のあり得ようはずがないのである。

自分の身体内に邪霊邪神がたくさん入り込んで種々と悪さをされていながら、そのようなことは一向感知することができず、地球学的に発達した科学をすべてと思い込んでいるのであるから、地球の発展進歩がないのが当然である。

人間が出す念の作用によって外界に漂っている悪魔を呼び、その霊の作用によって動かされている自分であることをも知らないのである。

今日の地球の進歩発展はオリオン文化によって行われた。その証拠は、すべての人々が自惚れ、自負心競争心をもって発達していることが物語っている。

宇宙創造神の御存在が分かり、生かされている意義を知ることができると、その間違った生き方がしっかり分かるようになるのである。


地球人は、何かを求めたい、知りたいと欲求を持つ。このような心を正しい考えであると思い込んでしまう。これはすべて悪魔が身体内に入っているからである。悪魔の支配下に入っている自分であると気付くこともできないで、地球人は科学万能を唱えて探究・研究の名のもとに種々なことが発達してきたのである。

特に、人間を取り扱う医学が邪神の力で発達し、研究と言っては人間を不幸に陥れているのであるが、研究することに依ってだんだん発達しているものであるという錯覚が今日の不幸のもとである。

地球人の間違った生き方をしっかり知る方法は、神の教えの「強く正しく明るく我を折り宜しからぬ欲を捨て皆仲よく相和して感謝の生活をせよ」を守り、我欲の心の「憎しみ、ねたみ、そねみ、羨み、呪い、怒り、不平不満、疑い、迷い、心配ごころ、とがめ心、いらいらする心、せかせかする心」を起こさないように心の調整を図ることである。

地球人は自らの心の汚れのために神霊界、星界の在り方が分からなければ、これをないと否定する悪い癖があるが、自分が分からなければないということは如何に低級な自分であるかということを証明しているものであって、最も愚かなる人物であるとはっきり言えるのである。

真理は一つで、神の教えを各自が守るように努力をする時、初めて宇宙創造神と各自がつながることのできる状態になれる。他人事でなく、一人々々の心が自覚して宇宙創造神の御教えを守り、「己れの心の非を悟る」心になり得ることである。今までは指導者がいてそのものの教えを聞いたものであるが、宇宙創造神が指導者であり人間は平等の立場であることを忘れてはならぬのである。

一人の立派な人を中心に社会の機構をつくり上げたのがオリオン文化の賜であった。これに馴らされた地球人は、ややもするとこの機構をすべてであると思いがちである。そして自分の心を清めようとすることができない。

清めることのできない心を人間性のある心であると思い違いしてしまうのである。

こうして地球人は感情に支配されて今日に及んでいるのである。自分の今考えていること、思っていることは正しい理念であると思い込んでいるのである。昔から伝わった伝統というものを保持して開けることのできなかった地球が、科学陣の間違いのために宇宙に眼を向け始め、これを正しいと思い込んだ大衆はその成果を待ちわびている。


今から約八年前、宇宙創造神が、「地球人は、地球人同志で地球を滅ぼすような状態になった。同じ滅ぼすのなら、宇宙創造神がつくった地球であるから、宇宙創造神の力で地球を破壊してしまう」とおっしゃった時があった。その時、霊界から霊が出てきて、「霊界は地球が健在であり子孫を見守ることが唯一の楽しみである。もし地球が滅亡したら貴女も霊界に入らなくてはならぬ、そうしたら大変な苦しみをしなくてはならないのである。それをよく分かって、多くの地球人が正しく宇宙創造神と波長を合わせ、高級な地球人になれる洗心を人々に伝えてください」とのことであった。

私は、自分自身の出来ていない、醜い心であることを恥じた。そして少しでも「洗心」をすることに依って自分の性格が変わる時、自分で説き聞かせなくても自然に人々の心の窓が開かれる日がやって来ることが分かったのである。毎日々々己の心の非を悟ることに努力をして今日に及んだのである。八年目の今日、唯もう自分の心が汚れ乱れ宇宙創造神の御教えの愛とまことと感謝の心というものが全然出来ていないことが、顕微鏡にかけたようにはっきりと分かってくるのである。何という汚れた自分の心ではないか！　星の世界の人々の高級な美わしい調和のとれた心の在り方を考える時、自分の心がどんなに低級なものであるかということがはっきりと分かってくるのである。人の姿が、尊い、立派な神に通じたような風に見えてくるのである。

自分はこんなに汚い、とんでもないと思い、心を清めなくてはと努力をする。このような心になった時、初めて宇宙創造神とピタリと波長を合わすことができるのであって、今日までの宗教はすべて頭に詰め込んだ観念の神の表現でしかない。宇宙創造神は絶対に御降りになれないものであることを「洗心」してはっきらと悟ることができたのである。

唯「洗心」あるのみで、人間にも宇宙創造神とピタリと波長が合い得るものであることをはっきりと知り得たのである。

西暦一九六〇年迄はオリオンの支配下にあったので、間違った地球学の心で生存できたのであるが、一九六一年からは優良なる星の世界との交流が盛んになってきたため、今までの道徳観念も信仰心も大きな間違いであるということもはっきり分かる時代に変わった。

地球人すべてが目覚めて、自惚れ、自尊心、自信に満ち満ちていた自分が、何とみじめな低級な存在であったろうかと、しっかり分かる時、地球の真の向上、幸福があるのである。心ある人々は目覚めてまず心を「洗い清める」努力をすることである。地球人は人間世界に生きている間をすべてと思い込んでいるが、心を清め神と波長を合わせることができるようになると霊界もしっかり分かってくるのである。人間世界で考えていたような甘やかな霊界でないことも、はっきりと知り得ることができるようになるのである。このようなことが科学的にしっかり分かってくると、この社会の機構の間違いがしっかり分かるようになるのである。

心の作用をしっかり知り、宇宙創造神と波長を合わせ得る高級な地球人にかえられんことを切に願う次第である。

病源を衝く

地球上はいたるところに病人が少なくない。それは、地球人が宇宙創造神の御存在を知らず、宇宙の法則を知らず、人智に頼って生きているために神の光と力を絶って生きているからである。

神の教えの「強く、正しく、明るく、我を折り、宜しからぬ欲を捨て、皆仲よく相和し、感謝の生活をせよ」と仰せになるこの教えを素直に守り、「憎しみ、ねたみ、そねみ、羨み、呪い、怒り、不平不満、疑い迷い、心配ごころ、とがめの心、いらいらする心、せかせかする心」を起こさないように心の調整を図る訓練をすれば、心のスクリーンが清まるために神の光と力がぐんぐんと加わって来て病気は一切起こらないのであるが、オリオン星座の邪悪なる霊波の支配下にある学問を強要されている人々は絶えず悪魔が身体内に入り易いようにできている。

学校の教育は、上下や優劣を植え付けさせるために、絶えず競争心がはげしく、神が出してはならぬと仰せになる御法度の心を起こすように仕組んである。成績のよい人が社会の上位にあって人々を指導するように仕組んである。

学校教育は、地位、名誉、金銭をからませて地球人の欲を利用し階級制度をこさえるようにできている。欲深い地球人は、このオリオン星座の邪悪なる霊波の仕組んでいる制度にひっかかってしまって心が非常に汚染されているので、それに気付くこともできないように良心が麻痺してしまっているのである。

現今の学問を正しいと思い込んでいる上層部や、博士、学者の連中は特に知識欲が烈しく、オリオン文化を余計に吸収し悪魔の支配下に入っているために、自分たちの間違った心を指摘されても知ることができないようになっている。このような間違った心の中に悪魔が巣をつくって悪さをするのであるが、そのような悪魔の存在さえ知ることのできないような、心の幼稚な人々が指導者である。

指導する人々は心が分裂している。それは、今日の教育制度を正しいと放任したからである。悪魔は、記憶力と、思考力のみ伸ばすために、頭脳を使わす方法を教え、心を分裂させるように仕組んだのである。欲深な地球人は藁人形に等しい状態であるため、オリオンの計画にすっぽり入っている形である。

優良な星の世界の人々は、宇宙創造神の御教えを素直に守り、自他一体の愛の心で生きている。絶えず心の調整が図られているために邪念がない。非常に空気が澄んでいる。そのために病気になる人がいない。一方で、地球はオリオン文化を入れているために、自己が中心であり、自己のことを見つめて生きるように仕組んであるため、自分に不利なことが起こると、神が出してはならぬと仰せになる御法度の心を起こして人々の心身を傷つけ、また自分の心身を傷つけるのである。

唯今、地球上はいたる処で病人が多く、病院は超満員である。それは、病気が何故起こるかという病源を衝くことができないためである。

西洋医学は三次元の学問であり、解剖医学である。肉体のみを見つめて発達した学問である。最近は精神の面も採り入れて治療をする人もあるが、宇宙創造神と波長を合わすことを知らない限り正しい治療法ではない。

まず病原を衝くと、人間の病気はすべて霊波念波の作用によって起こるものであることをはっきりと知ることができるのである。西洋医学は、肉体に現れてくる現象のみを見つめて病名をつけるのであるが、その起こってくる原因を突き止めることは三次元の西洋医学では永遠の謎として残されるであろう。西洋医学を学んだ医者は、低い次元の方法では間に合わぬことを悟らなくてはならぬ時が来たのであるが、博士号でも取って自分を買いかぶっている医者は、自分の知識のみを降り回し野蛮な医者で終わるだろう。このような心の人は仕方がないとして、世の中が幸福になることをこいねがう医者は、すべからく宇宙創造神と波長を合わせ得る境地に達して不幸なる地球人を指導するように努力をしなくてはならぬ。

ある婦人は、三十八年間右足膝関節が曲がらなくなって苦しんでいた。その人の中に入っている邪霊邪念を除けるべく塩灸を始めて五十日、やっとその原因の「念」をキャッチした。このようなことは、三次元の西洋医学では解明することのできないことである。

この念の作用によって膝関節を動かなくされていたのであるが、あらゆる治療を施して治らず諦めきっておられたこの婦人に福音が与えられたのである。合理的処置法によってだんだん足が動き出した老婦人は、若い者も凌ぐ元気さで治療に通っている。科学万能を唱えられる今日、病気の根源さえ衝くことができないのはオリオン文化の浸透のためであることをはっきり知ることができたのである。

ある未婚者は、地球人的には立派な人であり頭脳の確かな人であるが、三十歳を超えて自分の身上について種々と考えるうちに、頭の中に邪神邪霊を入れて神経衰弱に陥ってしまった。十日間の治療で一時その病状が消えて旧の状態に復したのであるが、何しろ地球学的観念を植え付けられているので「洗心」が難しく、再び前のような心を起こし始めた。

人間が神の教えを守り、自らの心の調整を図る努力をしてこそ真の幸福が訪れるのであって、地球人的観念を除けることができない人は絶対に幸福にはなれない。神に縋って治療を受ければ治ると思うことがいかに間違いであるかを知らなくてはならぬ。心は鬼のような汚い心でありながら病気が治った場合は、すべて悪魔の仕業である。過去病気を治してもらった覚えの人は、自分が神と波長を合わすような美しい心で治療を受けたかを反省しなくてはならぬ。自分が病気を治してもらったからとて、そのことに対して唯感謝することは自己中心の考えであり、宇宙の法則にかなわぬことを知らなくてはならぬ。病気はないのに病気をすることは、自分の誤った心から起こっているものであることを知らなくてはならぬ。

せっかく治るべき病気も、自分の心得違いから不幸になっていく人は本当に気の毒な人である。どの様に霊界を説いても、多くの人は、霊界など考えることはできない、この世が幸福でありさえすればよいと言われる。このように狭い視野の心が不幸をつくっていても、その人は自分の考え間違いのために不幸になっていることも気付くことができず、どうして思うようにならないのだろうとただ疑問に思うのみである。三次元の低い教育を強要した文部省の大いなる誤りであることがはっきり認識されるのである。このように間違った観念の人は、この人に限らず全地球人の中にある心である。オリオンの邪霊は、地球人の中にこんなに食い込んで病気を起こさしては手を叩いて喜んでいたのであるが、その背後にある悪魔を知ることもできず不幸に嘆いていたのが地球人の姿である。

病気の根源をしっかり衝くと、注射や薬で人間の肉体を取り扱うことがどんなに間違った方法であるかということもはっきり分かる。病気をすると、医者よ薬よと合い言葉のようになっているのは、オリオン文化が浸透している証拠である。病気は心の調整が欠けているから起こるのである。「我が身の吉凶禍福は神に任せて、人の為世のためにつくす心」になると病気は一切ないのである。オリオン文化を吸収している人々はこのような心になることができない。自分の繁栄のために、自尊心に燃えて生活をするのが普通一般の思想である。自惚れ、自尊心、自信、希望に満ち満ちている心は神の教えを守ることのできない心であるからこそ、病気をするのである。

取次の器械（田原澄）は、神の教えを知る前、いろいろな病気をした。それは、教えを知らない心であるために、三次元の学問をすべてと思い込んでいたので心を分裂さして生きていたからである。初めて自らの心の非を悟り、心を洗い清めようと努力をして自分の間違った心をしっかり知ることができたのである。

神の波長と自らの心をしっかり合わすとき、一切の病気不幸が消えることを知って、薬や注射に頼っていた動物的な低い心の自分を発見すると、ゾッとするのである。過去の自分を反省して見て誠に低級な自分であったとはっきり認識することができるのである。

取次の器械は、日赤出身であるだけに一般の人より西洋医学を学び、それが身に浸み込んでいたものであるが、自分で悟りを開く時、すべての病気不幸は消えるものであることを身をもって体験することができたのである。

われわれは、努めて病気の根源を知ることのできる「洗心」をして、何時も健康で幸福であるように努力をすることが最も合理的な生き方である。「病源を衝く」との題目でこのようなことを書くことは大変悲しいことであるが、地球人が、汚れた心で生きるがために光と力を見失い不幸な生活をしているから止むを得ず書いたものである。病気をしている人々は、汚れた乱れた腐った心のために起こしていることに早く気付き、医者や病院にかけつける前に、まず自らの心の誤りを悟らなくてはならない。地球人が宇宙創造神の御教えを守り、合理的な生き方をしたら決して病気は起こらないのである。

祖先代々から伝わっている病気のために苦しむ人は、やはりそのような因縁を受けねばならぬ自分の魂に間違ったものがあるためであるから、神の教えの「強く、正しく、明るく、我を折り、宜しからぬ欲を捨て、皆仲よく相和して、感謝の生活をせよ」を守り、「憎しみ、嫉み、そねみ、羨み、呪い怒り、不平不満、疑い、迷い、心配ごころ、咎めの心、いらいらする心、せかせかする心」を起こさないように努力をすることである。

不合理な生き方をしながら合理的な科学的な生き方であると自負している間違った心が、科学万能を唱えさせながら逆比例して病気が殖《ふ》えてもその原因さえ衝くことのできない状態であることは、何と気の毒なことであろうか。私は日赤出身であり、医学の方を専攻してきた者である。十年間この道に精進してきたが、何か物足らないものを感じていた。が、今日ははっきりとそれを掴むことができたのである。

偉そうな医学者が、何万年かけて研究探究しても、計り知ることのできない病気の根源をしっかり衝くことができたのである。

今日、難病とされている病気はほとんど邪神のいたずらであり、これが身体内に入り込むとどんなに立派な肉体もひとたまりもなく参ってしまうのである。

教育は社会の根基である。教育によって固まった頭は、ただもう自分の繁栄のことのみ考えているので、地位、名誉、金銭を上手にからませて地球人の心を分裂さしてしまっている状態である。然し、それに気付くこともできないままに、記憶力、思考力を旺盛にさせる教育のみを採り入れてしまったのである。分からないところは、ただ想像という範囲にとどまる方法であった、このような不自然な教育方法を正しいと思い込み、免状や免許を頼りに社会機構が出来上がってしまっているのである。オリオンの悪魔は地球人の欲心の中に上手にくい込んで長い間社会の機構をつくり上げているために、全地球人がこのことに対してはなかなか分かり難いのであるが、「無」の心の状態にかえる時、はっきりとこの間違いをつくることができるのである。

このようなことを書くと、過激思想と間違えられるかしれないが、とんでもないことである。今日までの地球人の考えは、自己中心、自己主義、自己満足、自惚れ、自尊心、自信等自分を誇張し、人々にこれを知らしめることにより人から認識されることを最も誇りであることに考えた。これが地球人の思想である。どの国も、自分の国の自慢をすることによって自慰する心で充満しているのである。それはあまりにも地球人が低級であるからであるが、自分が低級であることすら気付くことができないのである。私は、このたび池田首相私邸に電話をかけた。秘書官が電話に出たが、その秘書官からとび出す念波は毒素で充満していた。私は器械であるため、これを感知すると同時に、身体はわなわなと慄え始め、とても大変な目に遭った。

日本の首相官邸から飛び出す邪念がこんなにひどいものであろうとはつゆ知らない私は、

何ともいえない悲しみに閉ざされたのである。

一国を治める首相が、もっと神の光と力を入れることのできる立派な人物であったなら、議会も大変な結果にならずに済んだだろうにと心から残念に思う次第である。

首相になる人物は、宇宙創造神とピタリと波長を合わせ、もっと全地球人類のために努力をする人が出てこそ、その光のために国民全体は幸福になり、病気も消えることをはっきりと知ることができるのである。

国民の不幸は、やはり自分自身にあることを気付かなくてはならぬ。首相を選出するのは国民であるからである。

国民はすべからくもっと心の調整を図り、病気のない健全な日本になる努力をすることである。

知識欲について

地球人は知識欲がはげしく、絶えず何かを知りたい、求めたい、見たい、聞きたいという欲にかられて生きている。このような欲は最も良いことであり、正しい欲であると勘違いをし、やたら物識《ものし》りになり、人よりも頭脳が優れて利巧な人間を重宝がってきたのである。

オリオン星座の邪悪なる霊波は、地球人のこの欲を利用し、地球人の心の中に巣食って大変な悪さをしてきたのであるが、知識欲でいっぱいの地球人は、自分の心の中にオリオンの邪悪なる霊波が入り込んで悪さをしているものであることをすら知ることができないのである。

別項で書いたように、教育制度の誤りのために記憶力、思考力のみを伸ばした教育方法で培われた頭は、心の方が閉ざされている。そのため、すべてを頭で処理しようと考える悪い癖がある。

特に上層階級にあったり、または学者、博士とか地球人的に優れた地位にある人々は頭の方だけ発達し、判断力、理解力、創造力に於いては乏しいために、神霊界、星界のことについては全く知らないで生きているのである。

満六歳から後に学校教育によりたたき込まれる精神はなかなか抜くことができず、大学に進む頃には完全に邪神のとりこになっている。邪神は、神霊界、星界のことが分かったら自分たちの支配している学問が間違いであることを悟られるので、大変腐心して、教育を受けるにはまず神が出してはならぬと仰せになる御法度の心を植え付けることに努力をしたのである。欲深い地球人は、地位、名誉、金銭のからませてある教育方法を正しいものであると考え、知識欲にかられているために、競争をして勉強をすることは正しいと思い込んで、優劣、上下を争って試験地獄に甘んじているのである。

地球人すべてがこのような心であり、誰も疑念を抱くことができないために、これを常識とし、詰め込み式の勉強をすべてと考え、これによって社会的な地位が出来上がってしまうのである。物真似の勉強を正しいものであると思い込んだ人々は、多くの書物を読み、それによって出来上がっている観念がすべてであると思い込んでいるために、邪神の支配下の学問で満ち満ちている。立派な地位にあり、名誉があり、有力者と考えられている人ほど案外愚かな人が多いことに気付いた時、何ともいえぬ悲しい気持ちになる。

インテリと名付けられる人ほど死後の世界を知らない。知らないことを自慢にしている。これは、その人に入っている邪神が知らしめないように努力をしているためであるが、その人は知らないことを最も高級なる生き方であると思い込んでしまっているのである。

豪壮な建物に住み、立派な暮らしをしている、地球人的には最高な生き方をしている人が、自分の身体内に入っている悪魔を知ることができず、ネクタイをしめてすまして歩いている様は、実に気の毒であるが、本人はそのようなことについては全く無知なる生き方をしているのである。

それは、今日までの教育制度を正しいと思い込み、何でも難しい言葉を使い、難しいことを知ることが最も立派な人の生き方であると思い込んだための大いなる間違いである。今日の教育を正しいと思い込んで生きている人々は、狭い、暗い、固い心で生きているのである。

地球人は今や宇宙ブームに沸き立ち、すべての人々が宇宙宇宙と騒ぐ時代にかわったが、果してその根本を知っているかというと、唯、他人が言うからそれを真似ているにすぎない人が大部分である。

取次の器械（田原澄）は、宇宙創造神の御教えを守り、宇宙の法測に従い、心の調整を図ってみて初めて地球人の生き方の間違いをしっかり知ることができた。心の調整を図るとき、神霊界、星界としっかりつなぐことができて、地球人の今日の生き方の大きなる誤りを知ることができるのである。今日までの教育制度で培われた頭の低さをしっかと知るのである。

地球人は、研究、探究することを最も進歩的な考え方であると思い込んでいる。ある高名なる医学博士に、「宇宙学」を読んでもらった。「同じことがくどくど書かれてあって自分には分からない」と言われた。ある学者は、「あまりにも簡単過ぎて面白くない」と言った。ある政界人は、「これが正しい真理である」と、毎日、本を繙く時は礼拝し、敬虔の念を失うことなく、自らの心の非を悟り心を洗い清めようと努力をしておられる。一人一人宇宙学を読む態度、感受性が違う。

宇宙創造神は「宇宙学を全地球人に読ませることが愛である」と仰せになる。地球人はオリオン星座の邪悪なる霊波に汚染された心を持っているから、正しいことを伝えることが最も大切なことであると仰せになる。これを読む気持ちになれない人、また理屈をいう人は、我欲の強い、暗い固い狭い心の人であって、その人が高位高官であろうが立派な人であろうが、すべて処理する時が来たとはっきり言われるのである。各自の心の目覚めによって地球は幸福にかえるのである。心の不調和な人は、どんなに才能があっても、愛情が細やかであっても、技術が優れていても、地球を害する人であるから、そのような人はすべて処理される日がやってきたということをはっきり言われるのである。

その処理は、一人一人個性があるように違う。時間も違うとのことである。

地球学を多く学んだ人ほど「宇宙学」が分からないのは、オリオン文化を吸収し過ぎてしまって理念をむしばまれているからである。

宇宙創造神とつなぐことができず、種々な議論をする人は、まずつながる境地になってからにしていただきたい。自分たちの狭い視野の学問をすべてと思う低劣な心が地球を不幸に陥れているのである。

取次の器械は、世にも稀なる愚かな女にすぎない存在である。

八年間一日も休暇をいただいていない。また、皆さんのように報酬を要望しない。唯ひたすらに神の教えを守り、心の調整のみ図る努力をして、全世界人の識ることのできない神霊界、星界とつなぐことができるようになり、地球人の間違った生活をしっかりと知ることができている。

それによると、地球人にはすべて我がある。自己が中心であり、自国を中心と考え利害得失で生きる癖がある。ちょっと優れた才能を持つと威張りたがる低劣なる心を有する。

星界人には自己がない。そのために名前がない。地球人の生き方は、神が出してはならぬと仰せになる御法度の心を起こしがちである。神の御法度の心は、病気や不幸のもとを起こしていてもそれを感ずることができないように良心が麻痺しているのである。

霊界と交流してびっくりすることは、地球人が立派であると思い込んでいる人々が霊界では大変な苦しみをしていることであった。

われわれ地球人は、地位、名誉、金銭が最も立派なものであると考えて生きてきた。そのためにそれを羨望し、希望して生きてきた。それを追うことが最も幸福な生き方であると考えてきた。このような考えがどんなに間違いであるかを、はっきり知ることができたのである。

霊界とつながってみて初めて地球人の間違った観念を知ることができた。

「宇宙学」を読まれた一読者から、次のような批判が来た。

釈迦、日蓮の抹殺、乃木大将まで出たのでは全く眉唾ではありませんか、信仰は自由ですが他を誹謗すると、自分もそうされるかもしれません、みんな仲良くだなんてちょっと可笑《おか》しいようです、云々。

これらは、宇宙学の最初に書いてあることをよく読んでおられない証拠であり、地球人が間違った学問を正しいと思い込んだ狭い視野の考えである。この人の中に巣食っている悪魔がその人を使って種々な立派そうな言葉として表しているにすぎないのである。

地球人的な学問をもっては分からないのが宇宙学であり、宇宙学を読んで疑問の心を持つ人々は悪魔と仲良くなっている心であることを知った方がよい。

宇宙学を読んで、「疑問を持つことはない、自分は心が汚れているからこれから洗心をして高級な地球人になる努力をしたい」という人もある。このような人は高級な霊の持ち主であり、地球人のためになる人である。

地球人の中、三分の二は神に処理されるような分からない人であることを指摘される時、何とか分かってもらいたい心になるが、これも欲であるとのことである。

取次の器械は、間違った学問を正しいと思い込んでおられる人々の念波の作用を受け、また霊波の作用を受けて、二百数十回、死に直面した。呼吸が止り、脈が止り、すべてがこと切れるが、再び息を吹き返してもとの状態に復するのである。これで、人間である取次の器械には何の力もなく、宇宙創造神の偉大なる力で生かされているものであることをはっきりと知ることができるのである。

取次の器械は、唯生かされていることに感謝し、知識欲など毛頭なく、地球学に於いては全く無知なる人間であるが、この地球上にやはり生存させていただいている。

難しい学問を知ることが最も高級であると思う観念で生きていられる人々とは、大変かけ離れた心で生きている、世にも稀なる愚かなる女性である。

神の教えを知らない前は、地球人的な心に満ち満ち我欲の心で生きていたものであるが、宇宙創造神の御教えがしっかり分かった時から百八十度の心の転換を図ることができるようになった。この心にかえることができるとき、宇宙創造神とピタリと波長を合わすことができたのである。多くの人々にこのことを伝え、心の転換を図ることにより幸福が得られると言っているが、なかなか実行できないといわれる。実行できない人は不幸であるが、そういう人は実行せずに何とか幸福になりたいと希求している。

水道の栓を反対にひねって、どうして出ないのであろうかと思う、そんな間違った考えを正しいと思い込んでいるからこそ不幸が多いのである。

知識欲の盛んな人ほど不幸が多いのは、知識欲が間違いだからである。

求めるとか、欲しいとか思うことは、宇宙創造神とつながっていないからである。宇宙創造神とつながり得る心になると、研究、探究の心がどんなに愚かなる心であるかはっきり分かるのである。英智が漲り、地球人的な知識欲がどんなに低劣な心であるかということがはっきり分かるのである。

今日までの知識欲が邪魔になる日がやってきた。インテリであると威張って生きることが低級なる考えであることが分かる時がやってきた。

知識人として重宝がられてきた人々の凋落の秋が来た。いつまでも知識人であると思い上がり、地球学を勉強することは浅薄であると悟り、まず心の調整を図る洗心をして宇宙創造神と波長を合わせ、高級なる地球人になることが最も大切な生き方である。

知識欲のある人々が地球を不幸に陥らしたことを知り、賢明な地球人にかえり、ひたすらに心の調整を図る洗心をすることである。

あとがきに代えて
～肉食を断つことの重要性～

宇宙の真理を究める会

本書の最後に、「肉食の非」ついて述べておきたい。

田原女史ご健在の時代は、戦後、復興したばかりの当時の食料事情で、肉食などはほとんどなかった。それゆえ、「肉食の非」については言葉として一文字も書かれていない。しかし、「洗心」の重要性とともに、肉食は絶対といっても過言ではない重要性を持っている。

というのも、肉食によって霊魂が汚《けが》され、宇宙からの大切な高次元波動（光と力・宇宙エネルギー）を受けることができないからである。

高級な地球人となるために「洗心」は必須条件であるが、一方で、肉食を止めない限り、「洗心」は伴わないのである。すなわち、いくら「洗心」を心掛けても、肉食をしていては真の「洗心」の実践にはならないのである。

肉食をさせて地球人を退化（愚鈍化）させているのは、宗教の背後霊であり、教育の誤りであり、医学の嘘であり、低級な平面科学である。

宗教人は、動物を殺してその肉を喰《く》らいながら、信仰すれば救われると騙《だま》し、教育者や医学者は、動物の肉を栄養価の高い食料として高く評価し、殺しても罪の意識を持たず、科学はそれを許して薬物飼育（ビタミン剤や抗生物質等々）している。

肉食は宇宙創造神を冒涜《ぼうとく》する行為であり、反逆心の現れであり、動物以下の低級な行為である。

動物たちがその恨みを晴らすときが、いずれやってくる。というより、すでにその兆候はあちこちで見られる。

例えば、熊が街へ下りてきて暴れるのは、山に食べものがないからだけでなく、人間に対する怒りからである。平面科学は、偶然とか想定外とか、都合のよい言葉で終わらせるが、立体科学は宇宙創造神のご愛念のもと、すべてに必然的意義が作用し、それによって動いている。

ここ数年、毎年のように、多くの牛・豚・鶏などが新たなウイルスによって処分されているが、これも偶然ではなく、警告のための必然的なものと思われる。が、人間は欲のために殺すための牛を肥《ふと》らせ、生活の収入源にしているのである。

こうしたことを繰り返している限り、癌や難病・奇病がますます増え続けるだろう。そうして、人間の地位欲・名誉欲・金銭欲によって、地球も人類も滅亡に向かうことになるだろう。

人間の夢は幻にすぎず、すべて消えるのである。人間の欲もまた幻にすぎない。

そのことをぜひ自覚していただき、「肉食の非」を肝に銘じていただければ幸甚である。

宇宙学〈基礎編〉
優良星界とオリオン文化

2012年２月10日　初版第１刷発行

編　者　宇宙の真理を究める会
発行者　韮澤潤一郎
発行所　株式会社たま出版
〒160-0004　東京都新宿区四谷4-28-20
☎ 03-5369-3051（代表）
FAX 03-5369-3052
http://tamabook.com
振替　00130-5-94804
組　版　一企画
印刷所　神谷印刷株式会社

ISBN978-4-8127-0334-2　C0011